三项全能

职场新手成长记

教你走出去善办

果冻布丁 石乔 编著

中国出版集团
中国民主法制出版社
全国百佳图书出版单位

图书在版编目（CIP）数据

教你走出去善办 / 果冻布丁，石乔编著．—北京：中国民主法制出版社，2025. 7. —（三项全能：职场新手成长记）．—ISBN 978-7-5162-3922-3

Ⅰ. D630. 3

中国国家版本馆 CIP 数据核字第 20258CV349 号

图书出品人： 刘海涛
责 任 编 辑： 陈　曦　贾萌萌　张雅淇

书　　名 / 三项全能——职场新手成长记：教你走出去善办
作　　者 / 果冻布丁　石　乔　编著

出版·发行 / 中国民主法制出版社
地址 / 北京市丰台区玉林里 7 号（100069）
电话 /（010）63055259（总编室）　63058068　63057714（营销中心）
传真 /（010）63055259
http：//www. npcpub. com
E-mail：mzfz@ npcpub. com
经销 / 新华书店
开本 / 16 开　710 毫米 × 1000 毫米
印张 / 14. 75　　**字数** / 190 千字
版本 / 2025 年 7 月第 1 版　2025 年 7 月第 1 次印刷
印刷 / 三河市宏图印务有限公司

书号 / ISBN 978-7-5162-3922-3
定价 / 58. 00 元

致翻开这本书努力向上的你
——代前言

我们都经历或见过太多这样的场景：

熬夜写材料的小A对着修改七稿的会议纪要仍在反复斟酌字句，汇报工作时声音发颤的小B将精彩策划方案说得支离破碎，满怀热忱的小C在办事时疏忽了一个重要环节。这些真实场面，拼凑出职场萌新的日常图景。

“卷”似乎成了当代职场的最鲜明特质之一。

职场新人正经历着前所未有的生存焦虑。有人带着挥之不去的疲惫感在KPI赛道上拼尽全力，用“卷王”标签浸染着青春的底色；有人用钝感力筑起心墙，如同蜗牛蜷缩进自我保护的外壳；更多人则在“好的、收到”机械回复中，默默收起了真实的喜怒哀乐。我们既惧怕内耗，又不甘躺平，在二者之间反复摇摆：究竟要拼到什么程度才行？

“浙江宣传”2025新年贺词为负重前行的我们推开了一扇窗：面对输赢胜负，真正的智慧在于——既“尽我所能”，在可为处全力以赴，让未来可期；又“敬我不能”，在不可为处坦然接受，对过往释怀，与自己和解。一个人最优雅的姿态，是不困于内卷与内耗的二元对立，以更舒展从容的姿态拥抱生活。

但从容绝非消极躺平。当AI浪潮以摧枯拉朽之势重塑职场规则，AI工具12秒生成周报，数字主播抢占汇报舞台，算法逐渐蚕食人类特有的情感温度，我们比任何时候都更需要扎实的职场核心技能。

职业生涯不是短跑冲刺，而是一场技能升级的马拉松。真正的职场成长，是掌握技能方法后的从容绽放。拉开差距的，是在看似静默的蛰伏期，保持如饥似渴的学习姿态，积蓄能量，提升技能，补足短板，在臻于至善的追求中持续精进，积攒破土而出的能量，最终厚积薄发。

AI 时代是否还需要修炼写作能力？常卡壳的 i 人如何开口即圈粉？爱表演的 e 人怎样避免过犹不及？该如何将自己打造成“行走的解决方案”？

答案愈发明朗：清晰的文字表达、得体的言语沟通、熨帖的处事方式，这些看似传统的“基本功”，实则是穿透 AI 洪流的定海神针。

这本书虽然名为“三项全能”，绝不是空谈“打败所有困难”的励志鸡汤，而是真正的解忧锦囊；虽然名为“成长记”，也不是编织“菜鸟逆袭霸总”的虚幻神话，而是提供实用的“成长技”。虽然讲的体制内，但也适用于同为职场的体制外，二者的思维方式、运转规律有很多类似。

书中的每项技能，都源自真实场景，历经实战反复淬炼，专为职场新人量身定做，堪为教科书般的技术指南。

我们结合丰富经验，精心打磨每一项技能技法，构建了从心理建设到入门基础，再到进阶提升、出彩突破的阶梯式成长体系，层层递进，步步为营，一步一个脚印。我们足够自信，职场新人一定能看得懂、学得会、用得上，从而突破能力瓶颈，快速站稳脚跟，培育出不可替代的核心竞争力，以充足的底气迎接可能的挑战。

几年后，回望这次决定性的阅读，你一定会觉得：这本书，就像一把打开职场进步之门的密钥，在每一个需要你支棱起来的时刻，为你注入“原来我也可以”的笃定力量。

愿你阅读之后，笔下有魂，口中有度，眼中有光，脚下有路。

果冻布丁

2025 年 6 月

目 录

CONTENTS

心理篇

入门篇

进阶篇

PART

心理篇

第一章

会办事，是机关人的核心竞争力

第一节 在机关，到底什么是办事？

办事，按字面意思，就是“办理事务”。《管子·正世》中说：“古之欲正世调天下者，必先观国政、料事务、察民俗。”这里的“料事务”，就是料理、打理、处理事情。上级指示的、领导交办的、行使职权的、履行职责的、下级请示的，都属于公务活动的“办事”范畴。

人们常说，任何机关都是办事机关，办事是机关的重要职能。

之所以设置一个机关，就是要它履行相应工作职责，通过办事来管理行业、服务群众、推动发展。例如，教育部门是指导教育工作的，环保部门是保护生态环境的，文旅部门是指导文旅发展的，宣传部门是主抓思想的，文联是指导文艺创作的。有职责就要履行职责，就要行使职能，就要做出成绩政绩，也就是要“办事”，为推动发展做实事，为群众办好事，解决群众的烦心事、愁心事、揪心事。

每个机关作为职能部门，也是办事机构。“街道办事处”“驻上海办事处”“办事服务大厅”等，名字中就带着“办事”。其他部门虽然名字中没有“办事”，也都是履行监管职责，行使服务职能，为群众办事的。

办文、办会、办事，是机关人员应知必会的三项基础工作；能写、会说、善办，是机关人员需要持续精进的三项技能。

尽管“办事”这么耳熟能详，但对到底什么是“办事”，很多人可能还是说不清楚。

沈腾、马丽等表演的春晚小品《坑》，辛辣讽刺了个别机关存在的“躺平式干部”，让人捧腹大笑，又深刻反思。

"躺平式"干部的主要特征，就是工作中不担当不作为，不肯干也不敢干，卷起袖子在一边看。

不论在机关里，还是在生活中，"办事"都是个很宽泛的概念。

有人把机关办事分为"日常事务"和"行政事务"。机关迎来送往、收发文件、后勤保障、准备会议等事务性的工作，属于日常事务；调研视察、党建工作、督导检查、学习培训等行使单位职权的工作，属于行政事务。

有人把机关办事分为"具体工作"和"处理关系"。机关所有需要动手动腿的任务，不论大小，都是具体工作；除工作之外，沟通协调、处理关系，处理好和领导同事、其他科室、兄弟单位、上下级部门的关系，也属于办事。

其实，没必要非得给机关"办事"下个定义、划个范围、搞出框框，在这个框内才叫办事，出了这个框就不是办事。

从机关来说，办事既包括日常的机关运行、协调关系，也包括机关发挥职能作用，行使法定职权。从个人来说，就是把机关的这些事务落实到位。无论办文、办会，还是搞调研、忙接待，都是通过办事推动机关职责落实。

周恩来总理曾说过："政务和事务是机关工作的两个轮子，两者缺一不可。"政务工作主要是从事公共管理，提供公共服务，而事务工作则是为政务工作提供服务和保障，为机关高效运转服务，保证政务工作顺利开展，以使各级政府及其部门能够集中精力抓政务、提效能，进而促进政务工作更好地为经济社会发展和人民群众服务。

政务工作是行使机关职能职责，事务工作则是维持机关有序运转，不同的类别有不同的办事策略。这种观点还是很有见地的。

⊙ 其一，微观上，具体事务性工作是办事

微观讲，我们日常所经历的各种活动，是"办事"。工作用车、公务接

待、后勤服务、组织活动、筹备会议等综合事务，这是具体而微的事。每天在办公室收发文件、电话通知、协调沟通，是一个机关人员的日常。一名基层干部说："我就像卖雨伞的老奶奶，天晴下雨都焦虑，下雨怕洪涝怕坍塌怕山体滑坡，晴天怕溺水怕火灾怕公路晒粮，忙得不可开交。"这是基层干部的日常工作。

⊙ 其二，中观上，履行职责职能是办事

中观讲，在工作岗位上履行职责、行使职权，是"办事"。有机关就有职能职责，就要在其位谋其政、任其职、尽其责。无论关系经济社会高质量发展的重大事，还是满足人民群众美好生活向往的要紧事，都有很多事情要办。以一名市委书记来说，他每天活动安排得满满当当，如为落实招引项目接见企业负责人、为检查督导组织巡回观摩活动等。很多人在为这些事努力，为所从事的工作"努力奔跑"。文字材料上的每个动词，"实干、加压""做决策、抓落实""增进民生福祉、凸显民生厚度""凝心聚力抓项目、统筹全局抓协调"等，都是"办事"的集中缩影。

⊙ 其三，宏观上，实现民族复兴是办事

宏观讲，我们为所向往的事业奋斗，是"办事"。建党百年，我们党办成了很多大事，实现民族独立和人民解放，开创中国特色社会主义事业，开天辟地，波澜壮阔，举世瞩目。中华民族从站起来、富起来走向强起来。当前，实现中华民族伟大复兴，就是全体中国人民最大的事。这些大事，都是由千千万万的机关干部和人民群众，通过万万千千的小事聚沙成塔累积而成的。

对于一名机关人员来说，办事是工作必需，也是职责所在，更是立身之本。愿不愿办事、会不会办事，办事行不行、可靠不可靠，成为检验干部素质高低、能力强弱、敢不敢担当的重要指针。

习近平总书记指出："干事担事，是干部的职责所在，也是价值所在。党把干部放在各个岗位上是要大家担当干事，而不是做官享福。"

不论办任何事情，都能办得明明白白，而不是稀里糊涂；都能雷厉风行，而不是拖拖拉拉；都能严谨细致，而不是粗枝大叶；都能有始有终，而不是虎头蛇尾；都能严格有序，而不是杂乱无章。这样才能受得起重托，担得起重任。这样的机关干部才是符合新时代好干部标准的人。

金代诗人元好问有一句诗："为官避事平生耻，视死如归社稷心。"干部应以不敢任事、避事躲事为耻辱，而不能早早地躺平，这不仅是对工作不负责任，更是对自己不负责任。

第二节　办事水平，更体现机关人的综合素质

能力不是某件具体物品，摸不到、抓不着，但看得到、感受得到。

什么叫有能力？

"提笔能写、开口能说、问策能对、遇事能办"，这是机关乃至所有国企、央企、私企、外企、事业单位员工都应具备的能力。

材料写得好，是有书面表达能力；发言讲话水平高，是有语言表达能力；对政策了如指掌、问答如流，是有精湛的业务能力。

把事办成、办周全，能体现一个人的综合素质，更能体现一个人的能力和水平。

想办事、会办事、办成事，这是对当前机关干部的总要求，也是对机关干部素质、能力的集中检验。我们这套书，包括"写""说""办"三册，涵盖机关人员所需基本能力。相比来说，"写"和"说"在机关中还属于某

一方面的单项能力，只掌握其中一种还不够全面，而“办”则体现干部的综合能力素质，比“写”和“说”要求更高、难度更大。如果“写”“说”只是体育田径比赛的某一项目，那“办”则是“三项全能”。

有个流传很久的小故事：

某单位将有外地客人来学习考察，领导让小 A 去了解一下情况。

小 A 就与对方电话联系，给领导答复说：“后天上午 11:00 到。”再问其他的，就一概不知了。

同样一件事情，领导交给小 B 去做。

小 B 给领导答复说：“外地客人一行 4 人，来我市学习优化营商环境工作。带队人是他们招商局局长。从郑州乘坐 × 次动车 8:30 出发，到达西站时间是 11:00。我们 10:30 出发，去出站口接站。中午您和刘局在定点宾馆宴请，下午客人在我们这里安排考察座谈。考察点那边，我已经协调了有关单位，让他们做好准备。”

一滴水可以映射太阳。事情有大有小，但可以以小见大。通过处理小事，可以看出一个人的综合能力。

会办事的机关人，一般都能充分体现出以下这几种能力。

⊙ 会办事的人，态度端正

态度决定一切。会办事的人，都有端正的态度。端正了态度，才能“想干事”，主动积极想办法完成一件事。态度端正是对领导的尊重，对工作的负责，也是有责任心、敢负责、肯干事的表现。态度消极，就会应付敷衍，糊弄了事，很难把事情办好。

⊙ 会办事的人，谋划能力强

一件事情，先做什么，再做什么，最后做什么，需要有前瞻性。会办事的人，往往谋划在前，先在脑子里过一遍，把“怎么做、怎么开展”想清楚、理清楚，再付诸行动。大的事情制订工作方案，明确任务，落实分工。即便打电话，也要考虑好怎么表述。

⊙ 会办事的人，执行力强

执行就是落实。为什么机关内领导讲话总要强调“落实”，就是因为有人不落实，或者打折扣落实。会办事的人，领会领导意图快，执行领导指示坚决，不推三阻四，也不畏缩胆怯，按质、按量、按时地完成工作。办的事情，有条不紊，忙而不乱。

⊙ 会办事的人，沟通协调能力强

机关里，要办一件事，经常需要多个科室或者多个部门配合，但机关协调并不容易。会办事的人擅长与人沟通，能够协调各科室、各部门相互配合，达成共识，大家心平气顺地把事情做完。

⊙ 会办事的人，有技巧和办法

办事需要技巧和办法，蛮干、硬干，不懂变通必然会漏位、错位、越位、不到位。会办事的人，能仔细思考，准确定位，根据工作性质，找到正确的办事技巧和办法，用恰当的措施，把握好细节，耐心地处理烦琐、复杂的事情，高效、准确地完成任务和解决问题，让领导满意，让群众满意。

⊙ 会办事的人，有系统性

机关事务繁杂，既有下发通知、管理印信、迎来送往这样的小事，也有开展重要活动、推动一方发展的大事。会办事的人，面对盘根错节的事件，能把握相互之间的联系，处理好上下左右、前后内外和轻重缓急，整体把握、统筹兼顾，把每个事情都安排妥当。

⊙ 会办事的人，懂规矩知进退

办事不能违规，更不能违纪甚至违法。会办事的人，对哪些是红线、哪些是禁区，了如指掌。不以事小而不为，不以事杂而乱为，不以事急而盲为，不以事难而怕为，更不会为了办成一件事，不择手段，违反法律规定。

以上七条，会办事的人，虽然不一定条条具备，但也多数具备。要想会办事，要尽力培养自己这方面的能力。

所以，在机关，会办事是高于其他能力的综合能力，至关重要。

第三节 机关那些会办事的人和不会办事的人

会办事，就是把好事办好，把难事办成，把不放心的事办放心；不会办事，就是把好事办坏，把简单的事办复杂，把放心的事办得不放心。

无论哪个机关，都非常需要想办事、会办事、办成事的人。

我们身边就有很多这样的人。

C君，以前在县委办公室负责接待，一直勤勤恳恳工作了十多年。接待这个活，并不像畅销小说《接待处处长》写得那么有意思，而是非常辛苦。例如，不管时间早晚，都要去飞机场、火车站，接站送站，有凌晨到的客人，也要去接站。工作没有规律，休息难以保障。又如，要衔接好时间、安排好住宿、餐饮、会议、参观点，陪客人参观、座谈，还要面带微笑、语气和善。有时候顾不上吃饭，只能胡乱吃些。多数时间不能在办公室坐着，跑得腰酸腿疼很正常。但C君很是敬业，善于思考总结，随时复盘，对不完美的地方再改进提升。新县委书记到任，C君负责接待安排。他从县委书记人选还没确定的时候，就开始考虑接待方案，修改了无数次，把办公室、住宿、餐饮都安排得非常妥当，环环相扣。哪个活动谁参加，谁站哪里，都做得很到位。

D君是个女生。有一次省领导视察，她与单位领导一起去接机。省领导是北方人，返回驻地的路上，对路两边的树叫不出名字，随口问了一句。单位领导也不甚了了，就说让D君给省领导介绍下。D君详细介绍了这种树的名称、来历、习性，讲到了它的象征意义，当地人为什么爱种这种树，最后还引用了几首诗人写这种树的诗词名句，侃侃而谈，落落大方。最后谦虚地说："我还没领导了解得多，都是领导教给我们的。"这其实都是她平常用心的结果，道路两边的企业情况、单位情况、标志性建筑等，她都用心积累素材。

E君，工作座右铭是"想在领导之前"。他总能把工作做在领导前面。早到办公室扫地、擦桌子、打水，这些都是最基础的。要开会，他在领导安排布置之前，先列出两份不同的讲话提纲，再拿去给领导审阅看是否合适。领导要去参加会议，他会将各项细节都安排好，时间、地点、议程、日程、参加人员，座次安排，是否讲话，讲话稿提前几天呈领导审阅，那天天气怎样，穿正装还是便服，要不要扎领带，几点出发、会不会堵车、午餐安排、厕所位置、安全出口等都考虑到。我跟他聊过，他说领导交代的，你去做去落实，那是执行力好。领导没交代的，你能提前想到、安排好，那是有悟性。

这样的例子还有很多，很多人在办事上有其独到之处。把这些优点拿来，模仿借鉴，为我所用，很快自己也会成长起来。

领导就像伯乐，要在马群中选出千里马，自然要找那些会办事、有能力、综合素质高的人。机关中，有会办事让人眼前一亮的人，也有不会办事的人。

F君，把领导的话当耳旁风。对领导安排的任务，高兴时去做，不高兴时就不做或者拖好久才做。经常需要领导把话说明，他才知道去做。有几次，领导给他指出某些方面的错误，他也纠正过来了，没过几天，同样的错误又再次出现。

G君，办事比较浮躁，蜻蜓点水，爱做表面文章，善于表现自己。他专挑下班时间给领导汇报工作。偶尔加一次班，第一件事就是拍照发群。只要有点功劳，有点成绩，他第一个跑去邀功；有过失或者失误，他首先把自己撇得干干净净。

……

机关里，像上面这样的情形，都值得引以为戒。

第四节 没有人一开始就是办事高手

办事能力是机关人员必须具备的一种能力，也是一项核心能力。

但很多新人担心自己办事能力太差，给领导留下不好的印象。这其实很正常。

就像没有谁一开始就会写材料一样，没有人一开始就会办事，刚进机关就能把事办得滴水不漏的人少之又少。

每个人都是慢慢成长起来的，没有谁一开始就会办事，就能把事办得漂亮完美。每一个新入职者都要从零起步，从基本的端茶倒水、迎来送往慢慢学起，一点一滴地积累。

当然，不能否认，尽管大家在同一个起跑线上，每个人的特长、禀赋是有很大区别的。有的人领悟强，善于总结，很快适应机关的环境；有的人较为迟缓，适应机关环境比较慢。

区别也就逐渐显现出来。有的人上路很快，跟着领导办过几次事情，对此类事情基本可以单干了。经历几次磨炼，很短时间就能办出很漂亮的事，领导会逐渐把一些较大的活动安排也交给他。

但有的人进入状态很慢，摸不着路径，丢三落四，顾此失彼。挨了几次批评，经历过几次打击，甚至自我怀疑：自己是不是办事那块料，是不是不适合机关？

作为职场新人，进入机关，面对陌生的环境，心理和情绪都会产生波动，应该用什么样的打开方式，才能更快走上办事的坦途？

⊙ 第一，不要怕不会办事

很多新人，担心领导要求高，自己阅历浅，总觉得办不好事会被领导批评，给领导留下不好的印象。

在机关办事并不复杂，更多是个态度问题，而不是能力问题。面对办事任务时，别轻易说不会。很多事情是有了态度，就有了能力。即便进入情况慢，到机关后，只要态度端正，扑下身子学，肯定能学会办事。

在办事上，没有谁一开始就擅长，每一个新入职者都是从零起步，一点一滴地积累。进入陌生环境，遇到陌生事务，怕和紧张是正常的。但这种感觉不会持续太久。只要善观察、勤学习、有耐心，不出一年，就可以应付一些办事场景了。

⊙ 第二，要有请示意识

领导是决策者，也是责任人。按领导意图办事，是机关第一原则。无论大事小事、急事缓事、难事易事、新事旧事，都要遵照领导的要求去办，而不能以自己的想法、惯常的做法擅作主张。

机关工作大多是烦琐、细碎的重复性事项。有些人工作了几年之后，会觉得一些事情年年如此，不去请示汇报，就直接决定去办，结果受到领导批评。这是不可取的。

领导和下属位置不同、角度不同、掌握的信息也不同，有些新情况新动态新问题，下属可能不掌握，如果不去请示，就容易好心办坏事、费力不讨好。

⊙ 第三，不要“玻璃心”

在机关办事需要慎之又慎，细之又细，但失误、纰漏总难以避免。领导不满意的情况很常见，遇到脾气急的领导，不分青红皂白，狂风暴雨一顿训斥。

面对领导批评，有些新人会郁闷压抑、情绪低落好几天；有些新人倒没这么脆弱，但对待领导批评，采取无所谓的态度，不当回事，让领导批评没有产生效果。

职场新人要把批评当财富。能批评你，说明希望你改进，你还有进步空间，不批评才是放任自流。只有这样，自己才能提高办事能力。不然，领导怎么会把更重要的任务交给你？

⊙ 第四，不要不耐烦

机关办事，最大的一个特点，就是重复性工作多。每年年初开部署会，年中开分析会，年底开总结会。重复性工作，缺少新鲜感很容易让人产生倦怠感、疲劳感。

也因此，很多人就会不耐烦，会应付敷衍。这不仅是不负责，也是很危险的。办事看似很简单，但也可能随时出现疏忽。麻痹大意或者疏忽，就可能把事情办坏了。

曾国藩说：“居官以耐烦为第一要义。”古人云：“每临大事有静气。”办事的核心要义就是“耐烦”。只有耐得住烦，有耐心、有毅力、有恒心，才能不怕烦琐，不惧微末，保持内心温和平静，更好处理人和事。

⊙ 第五，要敢于突破自我

天外有天，人外有人。会办事、办成事的人多得是，而且比自己办得更好。工作中，要敢于对标最高标准，时时保持敬畏感，让自己保持“空杯心态”，时时有危机感，敢于突破自我，让工作常做常新。

办事是一份工作，也是一项事业，更是一门艺术。学无止境，办事也无止境。进了机关，要做足吃苦的准备，做好奉献的准备，既耐得住枯燥，又耐得住寂寞，通过办事，修炼自己的人生心态。

第五节　名为办事，实为做人

“成熟”这个词，对于一个机关干部来说，是很高的评价。

当然，我们也会常听到领导评价某个年轻小伙：××不大成熟。

领导说一个人“不成熟”，肯定不是指他材料写得不好，一般也不是指他发言水平一般，而更多的是说这个人办事能力有待提升。

一个成熟的机关干部，至少包括以下两个方面：

⊙ 一方面，办事靠谱

对于领导部署的工作、领导的指示，能够准确领会到位、迅速落实到位。既能够让领导满意，得到同事的支持，也能为群众做实事，让群众满意。这既体现一名机关干部的学习力、领悟力、执行力，同时也体现他的组织协调能力、沟通表达能力、处理问题能力。

⊙ 另一方面，性格稳重

说话办事不莽撞、不毛躁、不偏激，没有明显的性格缺陷。这些的背后，体现的是内心的自信，自身的修养以及全面、客观、理性看待事物的思维视角。

当然，对于成熟，还有其他的解读：

例如，尊重领导、团结同事、处好人际关系；

例如，谨言慎行，低调内敛，不论人非；

例如，淡泊名利、顺其自然。

但总体来看，一个机关人只要做到办事靠谱、性格稳重，基本可以算是成熟了。

而机关内不成熟的表现，前面我们提到的那些不会办事的人，就是一些例子。

归纳起来，也不外乎两个方面：

⊙ 其一，不会办事

对领导安排的事项，因思想认识不深刻，组织协调不到位，考虑谋划不周密，导致事情办得不够周全。要么领会领导意图有偏差；要么做事毛躁，丢三落四；要么处理事情不彻底，留个小尾巴；甚至根本没有去做。

⊙ 其二，不够稳重

主要表现为：情绪波动大，忽而兴高采烈、手舞足蹈，忽而压抑低沉、对人爱答不理；工作不主动，凡事以“我”为中心，我行我素，不屑和同事交往，不顾及他人感受。

一个人成熟与否，与年龄固然有一定关系，但也不是完全成正比。从不成熟到成熟，需要在工作中训练、锻炼、历练。办事能力需要磨炼，情绪稳定更需要磨炼。

有人说，办事就是做人，工作就是修行。一个人，从20多岁参加工作，在机关工作30多年，成长为一个各方面能力突出的领导干部，既需要组织的培养，也需要工作的熏陶，更需要个人的体悟。

备受推崇的王阳明，以独一无二的“致良知”“心学”为人所知，被称为“一代圣人”。

他提出的“知行合一”，核心要义就是“事上磨”，也就是强调人要在具体事上磨炼。他说：“人须在事上磨炼，做功夫，乃有益。若只好静，遇事便乱，终无长进。”

人只有在磨炼中才能成才，只有在逆境中才能成熟。要多经历事情，多增加阅历，多经历磨难，在磨炼中成长，在事上练就一颗强大的内心。

通俗地说，就是要通过参与工作和社会实践，在纷繁复杂的具体事务中，锻炼自己的心理素质，做到动静皆定，以此沉着冷静，从容应对，最后就进入“不动心”的境界。

不经历风雨，怎能见彩虹？要在办事中历练自我、磨炼自我。

机关单位是办事的地方。在机关工作，我们就要学会既通过办事提升能力、提高本领、提升素养，又通过办事磨炼心性、塑造人格、改变自我。在机关单位，应该做什么、不该做什么，哪些地方做得不好，哪些地方做得不够，都可以通过“办事”得到修炼。

只是很多人觉得道理浅显易懂，谁都明白，不少人会认为机关工作没什么挑战性，不值得深入研究思考，没有想到在工作中总结办法、提升自己、修炼自我。真遇上急难险重之事，则往往慌乱不已、不知所措，这就是在知与行之间出现了脱节。

小赢凭智，大赢靠德。办事与成长、做人与做事，都是互相成就的。做人，是做事的底气；做事，是做人的反衬。

成熟与不成熟，正反两面都需要修炼，在“事”上磨，在“心”里悟。

本章小结

会办事，是机关人的核心竞争力

- **什么是办事？**
  - 微观：具体事务性工作，日常所经历的各种活动，如公务接待、组织活动、收发文件
  - 中观：履行职责职能，如关系经济社会高质量发展的重大事，满足人民群众美好生活向往的要紧事
  - 宏观：实现民族复兴，为所向往的事业奋斗
  - 好干部标准：上级指示的、领导交办的、下级请示的、同事委托的事项，办得明明白白、雷厉风行，严谨细致、有始有终，严格有序
- **机关办事应具备什么能力？**
  - 态度端正：主动积极做事，是对领导尊重，也是责任心、敢负责、肯干事的表现
  - 谋划能力强：谋划在前，制订方案，明确任务，落实分工
  - 执行力强：领会领导意图快，执行领导指示坚决，保质保量完成工作
  - 沟通能力强：擅长与人沟通，协调不同部门，达成共识
  - 有技巧和办法：自信思考、准确定位，找到正确方法，高效完成
  - 有系统性：把握相互联系，统筹兼顾，安排妥当
  - 懂规矩知进退：遵守纪律规定，不碰红线
- **会办事有何表现？**
  - 成绩突出，敢于担当
  - 好事办好、难事办成、不放心的事办放心，领导满意
- **如何培养办事能力？**
  - 不会不要怕：端正态度，扑下身子，从零起步，一点一滴积累
  - 工作常请示：按领导意图，尊重领导要求
  - 拒绝玻璃心：把批评当财富，认真改正
  - 办事沉住气：有耐心、有毅力、有恒心，保持温和平静
  - 敢自我突破：对标高标准，时时有危机感，勇于创新
- **成熟机关干部有何特质？**
  - 办事靠谱：领导部署工作和指示领会到位，落实到位
  - 性格稳重：尊重领导、团结同事，谨言慎行，淡泊名利
  - 机关工作，要在办事中提高能力、提升素养、磨炼心性、修炼自我

第二章

考试决定录用，办事决定成长

第一节 学校和职场是两个完全不同的赛道

明代文人宋濂在写给后辈的劝学文章《送东阳马生序》中讲述了他在求学过程中不畏艰苦、百折不挠，最终凭借努力获得成功的真实经历：

> 余幼时即嗜学。家贫，无从致书以观，每假借于藏书之家，手自笔录，计日以还。天大寒，砚冰坚，手指不可屈伸，弗之怠。录毕，走送之，不敢稍逾约……当余之从师也，负箧曳屣行深山巨谷中。穷冬烈风，大雪深数尺，足肤皲裂而不知。至舍，四支僵劲不能动，媵人持汤沃灌，以衾拥覆，久而乃和。寓逆旅，主人日再食，无鲜肥滋味之享……

文章揭示了“寒门出贵子，知识改变命运”的道理，读来令人感动。

有人说：“学习是人这辈子最简单的事情。”

不步入社会，是体会不到这么简单的道理的。

古人常说“十年寒窗苦”，尽管生活条件不可同日而语，但现在的学生的“苦”并不比那时候少。学习的竞争让很多人苦不堪言，老师焦虑、家长焦虑、学生更焦虑。

但相比于以后的职场比拼来说，学习仍是一件简单的事。

说学习是简单的事，一个重要的原因是，学习是可以实现一分耕耘一分收获的。这次考试考得不好，排名靠后，你痛定思痛，发奋图强，经过几个月的努力，期末考试你的成绩就会上去，排名位次前移。只要付出努力，就会有回报，收获成功的喜悦。“独占鳌头”“蟾宫折桂”“金榜题名”

是喜悦，“春风得意马蹄疾，一日看尽长安花”是喜悦，“十年寒窗磨一剑，只待今朝问鼎时”是喜悦。“不经一番寒彻骨，怎得梅花扑鼻香”就是对学习的最好概括。

说学习是简单的事，第二个原因是，学习的“苦”和“累”，只是让你在一段时间里沉下心去读书。而且，这段时间是你人生中精力最充沛、好奇心最强、心情最舒适的时候。不高兴了还可以发发脾气，这个阶段，有父母的陪伴，有亲人的鼓励，有家人的保障，这是人生最幸福的一个阶段。

说学习是简单的事，更有一个原因是，学习是人生中少数可以自己说了算的事。你学习行或不行，成绩好与不好，都是你自己说了算，与你的努力成正比。

进了职场，情况迥异。

因为，职场和学校完全是两个不同的赛道。

同一学校毕业的两个人，进入职场，后续的发展却可能迥然不同，甚至是两个完全不同的人生。一个在职场如鱼得水，一帆风顺；另一个却可能要适应很长时间，始终施展不开手脚，导致空怀一身才华无处施展，止步不前。

学校和职场也有一定的相同之处。例如：

其一，两者都要学习，通过学习提升自己，使自己有更好的发展动力和发展前途。区别是，学校学习的时间多、集中，职场学习没那么集中，只能在工作中学，在业余时间学。

其二，两者都是在人聚集的地方，需要和形形色色的人打交道。人上千种，心思不同。不管学校和职场，都有一定的复杂性。两者都有可能遇到三观不同的人。

其三，两者都要努力。学如逆水行舟，不进则退。学校是，职场也是。不努力工作，就可能被人超越。都要有一定的能力水平。学校要有思维能力、理解能力、应试能力，职场更需要沟通能力、组织能力、表达能力。

但两者不同之处更明显，职场看重的和学校看重的，不是一个内容。学生看重的是学历、学校、成绩，这是评价学生的重要标准。职场看重的则是综合能力，不以成绩为标准。

两者的差别主要体现在：

其一，最明显的一处，就是输入和输出的差异。学校更多是学习知识，把知识装进自己的脑子里去；而职场则是把所学知识输出出来，完成任务，推进工作。尽管学校学到的知识职场可能用不上，但学校养成的学习思维，培养的各项能力都能让学生在职场受益。

其二，学校学习的是学科知识，工作中要学习的东西更多。不只是业务知识，还有人情世故。

其三，目的不一样。学校是学习，职场是工作。交友上，学生时代是情感交流；职场当然也有朋友，而且是志同道合。

其四，不再单兵作战。学校学习可以独来独往，不需要其他人配合；职场则需要团队协作。

其五，工作中更要靠自己。学校老师天天叮嘱，作业、考试等，事无巨细都安排妥当；职场少有人给你指导，也少有人主动给你当老师，一切都需要自己摸索。

了解了这些不同，就要尽快适应职场环境，在最短的时间里完成学生到职场的转变。

美国教育学家卡耐基说过："一个人的成功只有 15% 是由于他的专业技术，另外的 85% 要靠人际关系和处世技巧。"

职场，尤其是机关，办事能力、人际关系起到非常重要的作用。

综上可知，学校和职场赛道不同，也是人生必经的两次历练。要想在职场快速起步，一定要读好职场这本"无字书"，尽快摆脱多年形成的"书生气"，尽快适应职场环境，赢得先机。

第二节　越早摆脱学生思维越主动

大学生或者研究生毕业参加工作，从学校到职场，会有一个适应过程。这个适应过程，既是对工作环境、工作内容、工作制度的熟悉，更是对个人思想、思路、思维的全面重塑。

十几年的学校学习、生活，每个人都自然不自然地形成了固定的学生思维。学生思维有它的长处和优势，但如前面所说，学校和职场是两个完全不同的赛道，要想在职场新赛道取得优异成绩，需要第一时间更新思维方式，迅速就位，进入起跑状态。

总结身边人的经历来看，大家的普遍共识是：在职场，越早进入状态就越主动，越早熟悉规则就越有利，越早摆脱学生思维就越能使规划按自己的意愿发展。

学生思维和职场思维的不同之处，主要可以从以下几个方面去把握：

⊙ 其一，独来独往还是合作共事

学习是由个人独立完成的任务，除非在个别情况下，如某个地方没有听懂，某个笔记记得不清楚等，需要与老师、同学合作。我们从小就被老师教导“要独立完成作业”，不然，考试时可是不能求助他人的。

但在机关，完成一项工作往往需要多个科室协同配合。在某项活动方案后面都会有“任务分工”这一条：办公室负责车辆安排，调研室负责调查研究，综合处负责联系协调，信息处负责新闻宣传，等等。

如果不去和领导汇报、不和同事沟通，完成一项工作是很困难的。进了职场，就要尽快树立团队意识、集体意识，这样才能效率更高地完成工作。

⊙ 其二，被动安排还是积极主动

学生时代，通常是：老师讲，学生听；老师教，学生学；老师动嘴，学生动手；老师把复习资料、考试大纲整理好，学生只负责背诵、记忆就可以了。尽管有些学校倡导以学生为主体，提高学生自主学习能力，但学生等待安排的习惯总是难以改变。

进入职场，到了机关，很多新公务员一时间感觉无所适从，领导不安排就不知道做什么。一项调研活动，领导让去安排车辆就去安排车辆，不考虑时间、路线、天气、拥堵等情况，确实服从领导，但主动性、积极性明显不足。

主动与被动，在领导心目中的形象是截然不同的。习惯于被动接受命令的员工，往往执行力比较强，循规蹈矩，认真踏实；主动靠前思考的员工，往往善于思考，谋划工作能力比较强，可以给领导留下很深的印象。

⊙ 其三，准备充分再行动还是边学边干

学生时代，每次考试，尤其是高考这类的大考前，都要进行一轮又一轮的复习备考，一次又一次的模拟考试，把题型练习好，把时间把握好，把策略运用好，把心理调整好，一切准备就绪，才在老师、家长的千叮咛、万嘱咐下进入考场。这就是所谓的“手中有粮、心中不慌”，也是“不打无准备之仗”。

但在职场，有时候很多情况来不及准备。自己还是新手，刚刚入职不久，领导就安排一项从没接触过的工作。或者从事的工作过于专业，涉及的法律程序、专业术语太多，很多人会面露难色，担心无法完成。

时间不等人、工作不等人。等你准备充分，什么都晚了。这时候要硬着头皮上，多参考往年工作档案、工作资料，多请教有经验的领导和同事，打起十二分精神把事情办圆满，尽量少出差错、少留遗憾。

⊙ 其四，知道还是做到，输入还是输出

学生时代，主要是知识的输入，老师传授各种学科知识，学生背诵、做题，变成自己的知识。而职场，则是“输出”的过程，要把事情办好，把材料写好，把工作处理好。

从只管“知道”到尽力“做到”，从埋头“输入”到抬头“输出”，这应该是学生思维与职场思维的最大区别。明白了这一点，才算了解了机关办事的要义。

第三节 打造好自己的“人设”

组织部派出考察组，来单位考察干部。其中一项很重要的工作，是在一定范围内进行谈话调研推荐。

谈话中，提起某个人选，领导和同事会在脑海里有一个直观的印象，向考察组介绍人选的工作、性格、为人、优缺点等。

这个直观的印象，就是“人设”。

“人设”其实很好理解：每个人都有自己的性格特点、行为方式，在外人心目中会留下独有的印象或者形象。

但“人设”这个词，机关不常用，更多是那些经常曝光在聚光灯下的明星们，通过策划设计，故意或刻意地给人留下一种印象，即人物设定，

似乎跟机关人员离得比较远。

其实，无论机关内外，都应该树立职场人设，尤其是正面的人设。

人设的形成，不是一朝一夕之功，不是一件事两件事、一天两天就可以确定的，需要慢慢长期积累。

例如，在一个机关单位，称某个干部为“老黄牛”，说明这个干部工作中任劳任怨、踏实肯干、毫无怨言。大家在脑海中留下了这个干部吃苦耐劳的印象。

大家认为某个干部是“笔杆子”，说明这个干部材料写得好，而且经常勇挑重担，能驾驭重要场合的大材料，得到领导赏识、群众认可。有了这个人设，只要有重要的大材料，领导第一时间想到的就是他。

作为机关人员，树立人设要符合机关的特质、群众的期待。

⊙ 从机关特质说

机关的性质和职责，决定了我们的人设要符合职能定位。作为个人，怎么才是“好干部”？自然是按新时代好干部“信念坚定、为民服务、勤政务实、敢于担当、清正廉洁”的标准，要求自己“讲政治、有信念，讲规矩、有纪律，讲道德、重品行，讲奉献、有作为”。

⊙ 从群众角度说

群众是我们的服务对象，更是我们的监督者。在机关尤其是窗口单位的人员，更要注重在群众面前打造热情贴心的人设。到基层调研，要轻车简从，爱民亲民；在一些窗口，要热情接待，耐心解答。总之，要心里时刻想着群众，才能真正走进群众心里，赢得群众的拥护。

当然，职场三四十年，会经历各种事情，环境、心态会发生很大变化，每个人生阶段有每个人生阶段的任务，也有每个阶段的风景。立人设，既是一个漫长的过程，也是一个渐进变换的过程。

刚进机关的年轻人，要有敢于发光的能力，擅长抓住机会展示自己，获得组织认可、领导赏识，为自己争取到机会，打造“想干事、能干事”的人设；人到中年的机关人，沉稳成熟，靠得住顶得上，专业能力强、办事能力强、自控能力强，应打造“干成事、干大事”的人设。

我们立人设的目的，是自己在单位有好的形象，为自己以后成长进步助力，而不是起反作用。如果为了立人设，让自己天天戴着面具生活，就失去了工作的本质和生活的乐趣。所以，要有自己的规划，在人设和本我面前作出平衡，而不能为了受欢迎去强迫自己做不喜欢的事情。

总之，对于人设，我们要客观地正确看待，让人设为我所用，而不是成为人设的拖累。

第四节　靠谱，是最基本也是最核心的办事能力

先举个例子：

周一一早，孙局长和分管人事的马副局长说：“综合科小刘办事不牢靠。”

事情是这样的。上周五，孙局长让小刘去给市委办领导送一份材料，交代好后他去省里开会了。周六正在开会的孙局长接到市委办主任的电话，生气地质问他材料怎么还没送过来。

孙局长赶紧拨了电话，问小刘昨天的材料送到了没有。小刘说送到了，孙局长问他怎么送的，小刘说要找的主任不在，他就委托办公室的人转交了。

孙局长立刻又打电话询问，原来小刘托转交的人没见到这个领导，想

等周一再去送，因为他并不知道这个材料领导周六就要用。孙局长又赶紧打电话叫办公室主任赶到单位，把这份材料送到市委办主任手上。

这个事例表明，一个人最重要的办事能力，就是靠谱。

有人不以为然：靠谱不就是按时完成工作吗？不就是“凡事有交代”吗？不就是有头有尾吗？这是最基本、最简单的要求，谁都能做到的啊。

但事实上，靠谱并非如此简单。为什么在机关靠谱这么重要？靠谱的人都是相似的，而不靠谱的人会出现各种让人不放心的场景。称赞一个人做事靠谱，就是对其很高的评价。

⊙ 首先，靠谱是一种态度

安排一项工作，不管事情有多小、领导有多忙，领导一定在等待你的回复，他最想知道的，就是你的进度、你的位置、你的阶段性成果。

这时候，你就要给领导确定性，及时地给领导反馈，及时做好沟通，让他知道事情的进展，有完全的把握操控能力，让他信赖，能给他安全感。有足够的时间进行调整。也就是人们常说的“件件有着落，事事有回音”。

这首先是一个态度。靠谱的人，只要安排给他的工作，他一定会努力完成，即使办不到，也会立刻说明情况。

靠谱背后是态度，态度背后是担当。现在，从中央到地方，都强调干部要“勇于担当”。担当是一个人的责任心、执行力、勇气和魄力的综合体现。靠谱的人，总是勇于担当责任，扛得住事儿、经得起考验。这才能让人放心。

⊙ 其次，靠谱是一种能力

靠谱，要把每一件事都做到能力边界内的最好，甚至超出预期。所以，就要有完成工作的能力。能力一般，态度再好，也只能是“非不能也，实不为也”。

能力强的人不一定靠谱，但靠谱需要一定的能力作支撑，而且靠谱自身也是一种宝贵的能力。

领导都懂用人所长，如果一个人不会写材料，领导就不会把一份重要讲话交给你；如果你办事拖拉，领导就不会把一个紧急任务交给你；如果你语言表达能力一般，领导就不会把一项演讲比赛的任务交给你。

靠谱，就是让人放心地把一件事完全交给你，而没有做不好、完不成的顾虑。

在机关，一个靠谱的人，不仅有出色的组织能力、沟通能力、协调能力、表达能力，还有很好的做事习惯：做事前列出细节、分解任务，对于重要的事情，预留出时间多检查几遍；预想出每一种意外情况与可能有的漏洞，或事先纠正，或想好预案，尽最大努力去避免出错。

这些都是极为重要的能力，也是保证你不负厚望的基础。

既有对工作的责任心，使命感和自觉性，又有完成工作应该具备的能力，做事才能让人安心、省心，才是最安全的靠谱。

⊙ 再次，靠谱是一种人品

靠谱是做人最重要的品质。

很多人读过《把信送给加西亚》。面对不可知的困难、不明确的对象、不可控的风险，那个叫罗文的美国陆军中尉不推诿，不讲任何条件，毅然承担送信任务。最终，历尽艰险，克服各种困难，徒步三周，最终把信交给了加西亚。

这就是靠谱，也是人品。

⊙ 最后，靠谱是一种竞争力

一个靠谱的人，往往会拥有更多的机会。

职场上有不少“差不多”先生：

“材料写得怎么样了？”“差不多了。”

“新设备什么时候能安装完？”“明天应该差不多吧。”

“大概”“也许”“可能”“差不多”等这些模糊的回答，总给人一种“不确定”的感觉，会无形中影响你在别人心中的印象，让人心里没底，感觉你很不靠谱。

在领导看来，这种“差不多”，很没有确定性。你的竞争力就比那些斩钉截铁地说出“明天8点前保证完成”的人差了一截。

机关中，“落实”是领导讲得最多的两个字。

如果你无论遇到多少困难，都愿意迎难而上，把工作完成好，做事闭环，有头有尾，能持续给领导带来价值感，而不是把事情推给别人，你的竞争力自然会大大增强，领导会放心给你更大的平台、更多的机会。

无论从哪个角度，从一入机关就要努力去做一个真正靠谱的人。

综上分析，想靠谱，要在下面这四个方面努力：

⊙ 一是修炼进取心

作为机关人员，要把工作当成一种锤炼、一种机遇，当作事业来追求，躬身入局、真心热爱；把能力本领当作铺路石，夯实基础、持续精进。每天容光焕发、激情充沛。

⊙ 二是修炼责任心

做靠谱的人，要学会在其位、履其责、谋其事、尽其心，精心、精细、精准、精致地做好每一件事，“致广大而尽精微”。扛得住事儿、经得起考验，能挑100斤，决不挑99斤，才能让人信得过、靠得住。那些不靠谱的人，往往遇到问题，像鸵鸟一样逃避，揽功诿过，把责任都推诿到他人身上。

⊙ 三是修炼同理心

只有了解才能理解，只有理解才能信任，只有信任才能靠谱。要学会换位思考，提高情商，把接受的任务、答应的事情时刻放在心上，考虑他人的感受，及时更新进展。学会全面地看问题、长远地考虑问题，从倾听开始，从他人的需求与感受出发，而不是自以为是。学会调整姿态、调整心态，变“你”和“我”为“我们”。

⊙ 四是修炼朴拙心

毋庸置疑，抱朴守拙才是为人最大的聪明。机关干部要倡导守朴拙、戒机巧，重笃实、戒虚浮。学会知足、知恩、知止，“宁为世人笑其拙，勿为君子病其巧”。避免自作聪明、耍小聪明，处处讨巧，若把心思和精力都放在如何博人眼球上，会招致大家的厌恶，失去领导的信任。

一个人靠不靠谱，就看这 6 个细节——收到会回复、守时不爽约、承诺会遵守、低调不吹嘘、坚定有底线、勇敢有担当。

综上可见，靠谱，始于态度、落于担当、勤于行动、成于才干、终于人品。

第五节　摆正心态：以匠人心态去做事

“工匠精神”一词广为人知，不仅制造行业，各行各业都提倡“工匠精神”。任何行业、任何人“精益求精，力求完美”，都可以称为“工匠精神”。2016 年，“工匠精神”还入选了《咬文嚼字》公布的十大流行语。

2021 年 9 月，党中央批准了中央宣传部梳理的第一批纳入中国共产党人精神谱系的伟大精神，“工匠精神”被纳入其中。

所谓“工匠精神”，也称匠人心态或匠心精神，实际上就是一种职业精神，是职业道德、职业能力、职业品质的体现，是从业人员的一种职业价值取向和行为表现。其基本内涵包括敬业、精益、专注、创新等方面的内容。在当前飞速发展的现代社会，这种以耐心、专注、精细、完美为目标追求的精神和心态显得更为可贵。

自古及今，我国有很多值得后人学习的工匠精神典范。如在古代典籍《庄子》一书中，就以匠人为主人公讲了很多故事，阐明的道理让我们终身受益。

其中最经典的一个故事是“庖丁解牛”，说的是一位厨师技艺娴熟，对牛的构造非常了解，能够很熟练地找到牛的肉和骨头之间的微小缝隙。切割牛的时候，只需要把刀在缝隙里游走就行了，一点也不费劲，一把刀使用了十几年，还像刚从磨刀石上磨完那样的光亮锋利。

宋代文学家欧阳修有一篇富含哲理与情趣的文章，记叙了一位颇有匠心的卖油老头。卖油老头为了说明“熟能生巧”这个普通的道理，现身说法，“乃取一葫芦置于地，以钱覆其口，徐以杓酌油沥之，自钱孔入，而钱不湿”，表现了高超、熟练的技艺。

当今，更涌现了一大批工匠精神的代表人物。如中国第一代高铁工人的杰出代表李万君，工作 30 年，凭借精湛的技艺成为公司转向架制造中心的焊接大师，被人们称为“工人院士”。他成功总结出氩弧自动焊焊接方法和一整套焊接操作步骤，一举填补了我国氩弧焊自动焊接铁路客车转向架环口的空白，也为我国日后开发和生产新型高铁提供了宝贵依据。

上海飞机制造有限公司高级技师胡双钱，是一位坚守航空事业 35 年，加工数十万飞机零件无一差错的普通钳工。对质量的坚守，是他融入血液的习惯。他清楚，一次差错可能就意味着无可估量的损失甚至以生命为代价。他运用自己总结归纳的对比复查法和反向验证法，在飞机零件制造岗位上创造了35年零差错的纪录，先后获得"全国劳动模范""全国道德模范"等称号。

这些娴熟的技艺从哪里来？这些辉煌的成绩从哪里来？

最重要的、带有根本性的因素，是来自伟大的工匠精神和匠人心态。匠人的心态基本是沉稳的，只有静下心来才能真正地研究和琢磨工作，真正地研究和琢磨作品。

机关工作中，常常看见这样两种状态的人：一种人，对他们来说工作就是负担、压力，常抱着敷衍塞责、应付了事、得过且过的心态，只求过得去，不求过得硬；另一种人，把工作当作事业，忠于职守，自觉完成岗位职责，一步一个脚印地做好工作。这两种人即使处于同一环境，工作结果也会截然不同。造成差距的一个很重要的原因，就是对待工作是否有匠人精神。

人生不可能总是一帆风顺，会遇到这样那样的困难和矛盾。面对困难和逆境，良好的心态是做好工作的基础。

"板凳需坐十年冷，文章不写半句空。"这是著名历史学家范文澜挂在书斋中的一副对联，意思是勉励自己要甘于寂寞，认认真真做学问。正是因为耐得住寂寞，严谨治学，范文澜先生在史学研究中成绩卓著、饮誉全国，被称为马克思主义史学的开拓者之一。

沉稳、不漂浮，以匠人心态做好工作，这也是机关工作的基本要求。

特别是年轻干部，自踏入机关单位的第一天起，就要扣好认真负责、勤勉敬业的"第一粒扣子"，以那些现代工匠精神的代表人物为榜样，在工作中踏踏实实地沉下心来、耐住性子，认认真真地学习业务、研究业务，紧跟时代，追求卓越。只有这样，才能把工作干好干出彩，才能出精品、树品牌。

本章小结

- 考试决定录用，办事决定成长
  - 学校、职场有何不同？
    - 共性：学习知识、与人打交道、努力提升能力
    - 个性
      - 学生看重成绩，职场重视能力
      - 学生学习书本，职场学习道理
      - 学校交友是情谊，职场交友是价值
      - 学校独来独往，职场讲究协作
      - 学校有人点拨，职场独自摸索
  - 摆脱学生思维
    - 勤汇报、多沟通、合作共事
    - 善思考、勤谋划、积极主动
    - 会参考、多请教、边学边干
    - 办好事、写好文、干好工作
  - 打造机关“人设”
    - 从机关特质说：讲政治、讲规矩、讲道德、讲奉献
    - 从群众角度说：群众利益高于一切
  - 培养靠谱能力
    - 进取心：躬身入局、真心热爱；夯实基础、持续精进
    - 责任心：在其位、履其责、谋其事、尽其心
    - 同理心：换位思考，提高情商；调整姿态，学会倾听
    - 朴拙心：守朴拙、戒机巧，重笃实、戒虚浮
  - 练就工匠精神
    - 摆正心态，甘于寂寞、严谨工作
    - 能沉稳、不漂浮，以匠人心态做好工作，是机关工作的基本要求
    - 正确认识机关工作常态，摆正心态，学习践行工匠精神，耐住寂寞，守住清苦
    - 认真负责，勤勉敬业，以现代工匠精神代表人物为榜样，沉下心来、耐住性子，把工作干出彩

PART

入门篇

第三章

扣好“上岸”后第一粒扣子

第一节 你也相信"00后"整顿职场？

一段时间，网上关于"00后"整顿职场的话题层出不穷，一度成为热搜。

而我身边的"90后""00后"，都是另外一番景象，他们很少有人出格，都很熟悉机关工作之道：在领导面前尽力表现，每个人都拿着本子，随时记录领导讲话；积极提供情绪价值，说出来的话让"70后""80后"听起来很受用；他们落落大方，自信满满，个个特长加身；他们工作灵敏，对成长有利的活动都积极参加，如主动报名到急难险重岗位锻炼；他们也时刻想着自我提升，发表文章、考取证书。

的确，"00后"成长于中国经济快速发展期，是与互联网共生的一代，有更强的自我意识和个性特征。对他们来说，工作不只是经济收入，还要能促进自身成长，提升个体价值，寄托精神追求，追求更为平等的人际关系。

更多调查和案例表明，"00后"固然有些个性，但他们不是整顿职场，只是想要改变职场存在的不合理现象。

陀思妥耶夫斯基在小说《少年》中写过一段话："少年就是少年，他们看春风不喜，看夏蝉不烦，看秋风不悲，看冬雪不叹，看满身富贵懒察觉，看不公不允敢面对——只因他们是少年。"

但在机关工作，还抱着整顿职场的想法，就要慎重了。

从校门一步跨入机关门，不少人会不适应。这些不适应表现各异：

⊙ 其一，无所事事，满脸茫然，不知所措

有个品学兼优的学生，以优异成绩考进机关，半年之后思想还没有走出校园。没有安排好的课表，没有按部就班的复习考试，没有老师耳提面命的催促，她不知道如何管理自己的时间、工作、生活。一向上进的她，就像一叶在海洋里飘荡的小舟，毫无方向。而她曾有过的远大志向和宏伟心愿，眼看着就渐行渐远。

⊙ 其二，跑腿打杂，琐屑不堪，支离破碎

有的名校硕士研究生，曾经饱读经史子集，畅想"挥剑斩楼兰"，不承想进了机关，每天做的没有高大上，只有细小碎，收发报纸、打印资料、整理文件、摆放桌签。"十年磨一剑，霜刃未曾试"，辛苦读了十多年的书，英雄却无用武之地。无所作为的挫败感让其怀疑人生。

⊙ 其三，我行我素，闭门塞听，事不关己

有些刚上岸的学生清高孤傲，自视甚高，对琐屑工作不屑做、不愿做。工作应付差事，只求完成任务，宁愿坐在那里无所事事，也不思考、不复盘、不学习。领导不找他，他绝对不去找领导。和同事有天然距离，一直难以融入团队。

⊙ 其四，急于表现，心浮气躁，好大喜功

有些职场新人表现意愿强烈，刚上岸就想做出成绩，得到认可，对工作求急贪快，想抄近路、走捷径，还没把业务了解深，就想大胆搞创新。坐不住冷板凳，不想在无谓的事上浪费时间。不想下功夫，不愿当陪衬，把握不好节奏和力度，对笨功苦功嗤之以鼻。

当然，以上我们只是举例说明，还有其他很多不适应的表现。

对于种种不适应，新人们应该保持什么样的姿态，才能更快入局、占得先机？

第二节 一定要用好试用期

新入职的机关人员，有一年的试用期，这是公务员法规定的。

对于试用期，新人关注的重点应是如何用好试用期，为今后发展打下基础。

尽管和后期漫长的职场生涯相比，一年的试用期很短，但这一年基本可以看出一个人的优点、缺点、脾气、性格、品行、特长等。

有的人如鱼得水，一两个月就能完全熟悉所在部门的职责任务，很快适应角色；有的人却涩滞卡顿，入职一年，依然局促窘迫，畏首畏尾。

心理学认为，第一印象非常重要。

试用期是给人留下第一印象的最佳时机。它是单位和个人互相观察、互相认识的时期。

对单位来说，试用期是一个观察期、了解期，要观察个人的政治素质、能力水平、道德品行、性格脾性、为人处事、生活习惯等，为以后确定岗位、因材而用提供好的参考依据。

对个人来说，试用期同样是观察期、了解期，同时更是适应期、展示期。新人要认真细致地观察周围的环境，既包括单位规格、科室设置、职能职责、人员配备等硬件情况，也包括单位领导情况、分工情况、同事情况、人际关系等。

其实，如前所述，从校门进入机关门，对个人来说，需要完成非常大的转变甚至叫蜕变。能否化茧成蝶，就在于是否正确认识和把握试用期。

⊙ 第一，它是一个迷茫期

机关的工作内容、时间管理、目标任务、考核标准等都与学生时期有很大差异。自我管理能力弱或者习惯于被安排的人，很容易迷茫，不清楚目标所在。

“新年都未有芳华，二月初惊见草芽。”新人处在机关全新的环境里，陌生、神秘，迥异于以前，而自己只能四处张望。迷茫期的新人，要尽快调整好心态，了解机关工作的性质，处理好从被动安排到主动作为的转变。既要出色完成好领导交代的每一项工作，也要让自己主动找事做，做到嘴勤、腿勤、手勤、脑勤“四勤”。只有让自己忙碌起来，才会有收获。

⊙ 第二，它是一个失落期

西装革履、光鲜亮丽，指点江山、激昂慷慨等，这些想象中的公务人员的高光时刻，很可能被日常琐事冲淡。作为海归、作为硕博，难免会有英雄无用武之地的挫败感。

年轻人满怀一腔热血，有做大事的迫切愿望。但一屋不扫，何以扫天下？每一项细碎的工作都是通向理想的坚实阶梯。新人要从零开始，从小做起，当好“小学生”，挖掘每一项工作的价值，在工作中寻找乐趣，将学识和心思运用到每一件小事、琐事中，享受每一份收获带来的愉悦，更通过琐屑工作磨炼心性。

⊙ 第三，它是一个瓶颈期

从前一两个月的新鲜感，到逐渐疲沓、懈怠、不耐烦。工作多数是按部就班，没有挑战性，枯燥乏味。于是有些人开始眼高手低，漫不经心，浅尝辄止。这是一个分化期，往前就可以不断突破自我。

瓶颈期的新人，习惯于被安排，乐于执行，懒于谋划，看似很忙，却是低水平的忙。思维还处于低层次，完成工作囿于一事一地，浮于表面，只知其然不知其所以然。这时候要勤学善思，积极拓宽认识广度、深度，养成思考的好习惯。

⊙ 第四，它是一个磨合期

机关处好人际关系很重要，需要和领导磨合，更需要和同事磨合。单枪匹马不仅难以开展工作，后续发展也会乏力。

融入团队是新人都会面临的问题。读万卷书不如行万里路，行万里路需要有人引路。新人有没有人引路是完全不一样的，找好伯乐，找好领路人，会让你这匹千里马跑得更快。要真诚热情、有洞察力、吃苦耐劳，让领导、同事愿意培养你、乐于帮助你。

⊙ 第五，它是一个成型期

人各有所长，领导用人会尽量做到人岗相适。有人性格外向，领导会安排他多做对外协调的事；有人性格内敛，领导会安排多写材料。

作为新人，要锻炼各方面能力，取长补短，同时也要发挥优势，这样才能田忌赛马，在竞争中赢得先机。

新人该怎样更好渡过试用期?

有人总结了“望、闻、问、切”四个字：望，注意多观察身边的人和事；闻，多听单位发生的事情，只听不说；问，虚心求教，积极向身边领导同事请教；切，给自己把脉，反思自己每一天经历的事情，总结经验教训。

可见，怎样平稳又高效地度过这个见习期，为以后发展进步打下基础，值得好好思考。

第三节 机关新人可以跟董宇辉学点什么

东方甄选董宇辉彻底火了。

这个出生于1993年，来自农村的年轻人，当过中学英语老师，当过新东方老师，随后转型直播卖货，目前他有超过2300万粉丝，远超一众明星和知名博主。

很多网友即便不买货，也愿意待在他的直播间里，那里有诗词歌赋、人生理想、大江大河、天地行星……无数网友不仅在精神上而且在行动上给予董宇辉大力的支持；网络上对他的赞誉声铺天盖地，这里面从中学生到硕博生应有尽有；作家、专家、明星、教授，都到直播间与他一起直播……

董宇辉之所以会火得众人皆知，是因为他不仅有小镇、农村青年的朴实和诚恳，也有知识分子的浪漫和风趣，这些都能给疲惫的网友带来愉悦、亲切感等情绪价值。何况，他有敏捷严谨的思维、流畅出色的表达、感同身受的情怀、别具韵味的表述和发自内心的真诚，打动了无数人的心。

在教育面临诸多质疑、读书无用论沉渣泛起的当下，董宇辉以自身的经历，现身说法，给了无数人动力。他不是“富二代”“官二代”，是极为普通的平凡人，却靠努力学习取得了成功，从求学到择业，从高山到低谷，从迷茫到坚定，这足以让众多同他一样的人重拾“努力就有回报”的希望。

董宇辉最核心的能力，是能把自己的想法、观点、理念，用诗意或者恰当的语句表达出来。也就是说，他是一个善于思考的演说家。无论直播还是演讲，他金句频出，让一些人买个玉米都能听哭。金句频出的背后，是他对人生的深刻思考和感悟。

总结一下，董宇辉身上有这么几点，对新人的成长有不少裨益。

⊙ 一是初心

谈到初心，很多人会觉得它很形而上，虚无缥缈，空洞无物且高不可攀。其实这个词很生活化。董宇辉毕业时曾应聘到汽车公司和钟表企业，年薪 20 万元，但务农的父亲却对他说："人是万物的尺度，真正的工作应该是创造价值的工作。"而至于什么是创造价值的工作，农民父亲的朴素理解就是："能影响人的工作。"于是，董宇辉就去当了老师。

机关新人正是世界观、价值观、人生观重塑的关键时刻，"为民、务实"不能只是说在口头上。进了机关，有的人却忘了最初的理想，只讲"术"，只考虑怎么做，怎么办，而不讲"道"，忘了为人民服务的宗旨，忘了人民情怀。

⊙ 二是专注

有专注才有热爱。毛主席说："世上怕就怕'认真'二字。"董宇辉说："心无旁骛，万事可破。"他认为，能够长期驱动你并且让你持续投入、持续精进的，只有一个原因，那就是热爱。董宇辉有一段时间非常困难也非常消沉，但他只要站在讲台上，就会穿得很正式，他说："希望通过我的着装，让孩子们感受到我很重视这里。"这份对职业的敬畏和热爱，令人动容。

我的一位德高望重的领导说："机关工作要谨记两条：离了你不转，离开谁都转。"机关新人要先做到第一条，努力让自己成为业务骨干，成为领导离不开的那个人。机关工作虽然不是高精尖，但也有各自的核心业务、主责主业。法律法规、政策把控、行业标准、规范程序等，都有条条框框。新人们只有专注自己的工作，研究自己的业务，才能成为行家里手。

⊙ 三是勤奋

董宇辉带有浓重方言的英语口语，曾让他受够了嘲笑。但他靠着勤学苦练，终于可以清晰、完整、优雅地表达自己，可以带外国游客游览兵马俑，可以当英语老师，可以在清华大学全英文演讲。

“学向勤中得，萤窗万卷书。”机关新人首先要做的，就是勤。不管是前面提到的“四勤”，还是加上“口勤”的“五勤”，总之“勤”只有好处，没有坏处，这是大部分普通人出人头地最快最好的方式。考试如此，职场也是如此。

⊙ 四是定力

董宇辉在最困难的时候，选择了保持定力。他说：“一个人的定力，决定一个人内在是否强大，决定他最终能走多远。”定力让人感受到，只有用更长的时间维度来衡量人生，才能发现真正的价值。

“千磨万击还坚劲，任尔东西南北风。”保持定力，是一个人最强大的核心竞争力。机关新人只要瞅准了目标，确定了方向，就要保持坚定、笃定、淡定，有主心骨、定盘星，学会“临大事而不乱”，不惑于纷乱现象，不畏于艰难险阻。如果遇到困难就躲，见到诱惑就上，东摇西摆，注定走不远。

⊙ 五是逆境

“双减”政策下，教培出身的新东方探索转型直播卖货。董宇辉一开始直播的时候，人气惨淡还被讥讽甚至谩骂。他发现他最擅长的东西，并不被人们所喜欢和接受，那种挫败感让他压抑了很久。

痛苦是成长的助推器。没有任何人的人生总是一帆风顺，每个人都有逆境。李白有，苏轼有，王阳明有，张居正有，但“谁无暴风劲雨时，守得云开见月明”。机关新人要做的，就是按董宇辉所说：“在顺境中多做事，在逆境中多读书。”用古人的话，叫“达则兼济天下，穷则独善其身”。有了平台，就要多为民做事；暂时被边缘化，那就趁机多读书，提高自己。

⊙ 六是机遇

董宇辉提出了一个观点：能力决定下限，机会决定上限。如果没有东方甄选，他仍会在一个中学里当英语老师，而他正好抓住了直播带货这个机会，“十年教书无人知，一朝卖菜天下闻”，成为顶流“网红”，实现了从下限到上限的飞跃。

事实多次证明，运气永远会垂青那些时刻准备好的人。年轻干部要先让自己成长起来，等机遇来了，绝不优柔寡断，展示平生所学奋力一击，牢牢把握住。

第四节 把握好入职后黄金十年

一个人从 22 岁大学毕业、25 岁硕士毕业，人生中的几件大事，定居、买房、择业、结婚、生子，基本会在之后的十年内确定。这十年可以定型整个人生，所以，25 岁到 35 岁是人生中最珍贵、最宝贵的十年，也称为“黄金十年”。正如大家耳熟能详的那句话：“人生的道路虽然漫长，但紧要处往往只有几步，特别是在人年轻的时候。”

尽管每个年龄段各有特色、各有风景、各有收获，但 25 岁至 35 岁这十年显然更为重要。

对于机关内人员来说，这十年更为重要。

很多人知道体制内的35岁法则。

目前，除了人才引进等高层次人才，35岁是报考公务员的最高年龄限制。而且，35岁也是通过遴选进入更高层级机关的最后机会。很多优秀的基层干部通过遴选进入市直、省直部门甚至中央部门。

但很可惜，不少过来人回忆，感觉自己没把握好25岁至35岁的黄金十年，稀里糊涂地错过了。如果选择重新开始，他们会有更好的规划。

这十年，是职业生涯变化最大的时期，就像白纸作画，从刚进入机关的新手，到逐渐熟悉环境、掌握业务，为未来的晋升打下坚实的基础。

这十年，也是一个人精力旺盛、思维活跃的时期，学习能力和付诸行动的能力都处于巅峰状态，也是最重要的成才期。

这十年，还是一个人家庭压力还比较小的时期。父母尚健在，子女还幼小，有更多的时间在工作上付出。

这十年理想的状态是：一年新手，二年熟练，三年露头，五年成熟，七年成型，十年冒尖，稳扎稳打，一步步成长起来。

当然，其中充满挑战和不确定性。

至于怎样做，每个人的具体方法或有不同，如果能尽量避开下面这几个坑，相信这黄金十年会有很大收获。

⊙ 迷

迷茫困惑，没有目标，看不清方向，找不到路径。面对新环境，没有找好自己的定位，没有把控好机关工作的节奏，工作三年五年依然是学生思维。以自我为中心，我行我素，抓不住重点，领会不了领导意图，融入不了团队，与同事隔阂很深。

⊙ 懒

领导都喜欢勤快的下属，新人最忌懒。该掌握的业务不掌握，职责内的事情不落实，被动应付，不拨不动，不赶不走。习惯于被家长和老师悉心呵护，没有主动意识，嘴不勤，手不勤，腿不勤，脑不勤，不愿多请教，没有“不待扬鞭自奋蹄”的想法和行动。

⊙ 乱

工作没有条理性，没有逻辑性，也缺乏规划，“东一榔头西一棒槌”。办公桌材料散乱，从不整理。“乱”还表现在用心不专上。新入工作的头几年，会感觉外面的世界很精彩，时常有辞职去外面闯荡的想法，想通过遴选更上层楼，导致心有旁骛，影响本职工作。

⊙ 烦

烦躁不安，迫不及待，业务不精通、工作常出错，看到别人表现好、业务好很着急。逐渐熟悉工作节奏之后，工作一多，很容易慌乱、忙乱。初来乍到，千万不能急。情绪稳定，是工作的一项重要考察指标。火急火燎，动不动暴跳如雷，使脸子闹情绪，会显得极不成熟。

⊙ 浮

像海藻一样漂浮在水面上，沉不下去。作风散漫，衣品随意，东摇西晃，坐下就抖腿，没有精气神。工作不求甚解，认为机关工作翻来覆去就那么点事儿，还“一瓶不响，半瓶晃荡”，让人感觉极不舒服。

⊙ 怨

阅历增长，但习惯抱怨、吐槽、发牢骚，浑身散发着负能量。工作一多，担子一重，就叫苦叫累，各种理由推诿。工作不会因抱怨而减少，能力也不会因抱怨而提升。领导会觉得这人过于脆弱，难堪重任，也就不会给你更大的平台、更高的职位了。

⊙ 钝

职场需要钝感力，太过敏感不好，迟钝如木鸡也不好。对领导的指示难以心领神会，即便说到明处仍然无动于衷，就会留下不好的印象。谁都会犯错，有过则改，有错则纠，知错能改善莫大焉。

⊙ 炫

新人需要适度的高调，如演讲、写材料、处理事情，该有的能力一定要显露出来，但要掌控好度，一旦过界，变成炫耀、显摆，让领导、同事不喜欢，把你当成“显眼包”，就会适得其反了。

⊙ 冲

和领导、同事顶撞、吵架，是机关一大忌。有些新人接到任务，不汇报、不沟通，按自己的理解闷头就做，被质疑就急不可待地辩解。加上年轻人心高气傲，很容易一怒之下冲动。要知道，学会隐忍，是机关工作修炼的重要内容。

机关工作的黄金十年，只要在规划目标、塑造形象、建立人脉的基础上，避开以上这几条“忌讳”，这十年就一定会有黄金成色。

第五节 勿以事小而不为

“九层之台，起于累土。”再高的摩天大厦，都由一块块砖瓦建成；再庞大的航空母舰、宇宙飞船，都由小小的螺丝钉连缀而成；再大的事业，也都由小事积累而成。

欲成大事，须从基础做起。建党伟业、建国大业，是一位位可敬的先辈，从一件件日常小事中，一步步艰难推进的。正是机关干部每天做的琐碎小事，推动我们的经济发展、社会稳定、国家富强。正如习近平总书记所说：党的十八大以来，我们“解决了许多长期想解决而没有解决的难题，办成了许多过去想办而没有办成的大事”。

以小见大。大事重要，小事也很重要。做好小事是做成大事的奠基石。而且，“堤溃蚁穴，气泄针芒”。祸患常积于忽微。忽视小的事情，可能给自己的形象减分，还会贻误大事。但往往我们在大事上还能重视，在小事上却常常不屑为、不愿为、不会为。

机关工作千头万绪，错综复杂，再大的单位都有量大面广的琐屑小事。考核机关人员，德能勤绩廉的“勤”，不仅体现在办大事上，还体现在做小事上，更体现在做小事的小细节上。每个机关人员都要牢记的一句话是：于细微之处见精神，于细节之间显水平。

对待小事的态度，能看出一个人的精气神；处理小事的办法，能看出一个人的能力水平。

在机关，无论身在省市县乡村哪个层级，无论身在部厅处科股哪个职位，办事都要学会辩证看待“小”与“大”。

⊙ 虽是小角色，要有大认识

相对于重要的机关工作，每个人都是小螺丝钉；相对于民族复兴宏大伟业，现在做的每件事都是小事。

有些高学历的新人，或者工作几年的老人，甚至有些领导，面对重复琐碎的事情，面对做不出成绩的平凡工作，有时会流露出不耐烦。

爱挑的担子不嫌沉。只有认识到职责所在，让自己喜欢上工作，认识到小事绝不只是送送件、跑跑腿、接接电话这么简单，认识到每件大事之后都有无数小事的支撑，才能把小事情做好、做扎实、做出新意。

这就需要经常照镜子，把握好定位，准确地认识自己，这样才能心平气和地去做事，才能少患得患失。

⊙ 虽是小事情，包含大学问

机关内任何事情，都是有关联的，不会孤立存在。以办公室工作来说，办公室是联系左右上下、方方面面的综合部门，服务保障单位运转。在办公室工作，要把工作当成一张大网的连接点，系统地看，联系着办，这样才能把要传递的信息传递到位，把要交代的情况交代明白，把要落实的事项落实到位。

拿简单的送文件来说，看似是个跑腿的体力活，背后却要做很多功课。拿到一份文件，在敲开领导的办公室之前，要看发文机关、发文范围、发文背景、文件内容，需要单位做什么工作，需要哪位领导参加，需要几个科室参与，需要报送什么材料，什么时间完成，甚至相关的法律政策，都要了解清楚。

机关工作最常说的一句话是，“围绕中心，服务大局”。办事要大处着眼，小处着手，了解当前党委或领导的战略部署、工作布局、真实意图，才能登高望远，见微知著，才能对当前工作的节点、着手处理的事情、关键的工作要素做到心中有数、处之有方。

⊙ 虽是小细节，需下大气力

自《细节决定成败》一书风靡之后，现在几乎每个职场人都会脱口而出这 6 个字。

小事虽小，做得让领导满意并不容易，做得不平凡更不简单。前面举的例子就可以看出细节的威力。例如，陪同领导视察，要做足功课，不仅对具体工作、察看点情况了如指掌，对车辆沿途的标志建筑、各类单位甚至花草树木等情况也要知道一二，这才是用细节打动人。

人们常说："事上练、事上磨、事上见。"在机关，一点一滴都是考验，一言一行都见素养，一问一答都是功夫，一张一弛都见章法。如果说事上练、事上磨是厚积，事上见就是薄发。

"试玉要烧三日满，辨材须待七年期。"办事能力的提升需要日复一日、年复一年，需要一点一滴、一砖一瓦磨炼，体现在具体的日常工作中。机关人员只有备好功课，锤炼本领，一步一个脚印，把日常小事做到极致，才能立得住、站得稳。

本章小结

- 扣好『上岸』后第一粒扣子
  - 试用期如何化茧成蝶
    - 调整心态，主动作为，让自己忙起来
    - 从零开始，从小做起，挖掘工作价值
    - 勤学善思，拓宽认识，养成思考习惯
    - 真诚热情，有洞察力，找好领路人
  - 跟着董宇辉学做事
    - 牢记为民情怀，坚持为民宗旨
    - 专注业务工作，争做行家里手
    - 平时勤学苦练，不断提升能力
    - 明确目标方向，努力奋勇向前
    - 顺境中多做事，逆境时多读书
    - 注重积累沉淀，牢牢抓住机遇
  - 把握十年黄金期
    - 理想状态：一年新手，二年熟练，三年露头，五年成熟，七年成型，十年冒尖
    - 规划目标、塑造形象、建立人脉
    - 绕开9大坑：迷、懒、乱、烦、浮、怨、钝、炫、冲
  - 着手细微，方成大事
    - 找准定位，认识自己，从基础做起
    - 登高望远，见微知著，处之有方
    - 重视细节，备好功课，锤炼本领

第四章

掌握办事好技巧

第一节 “最强秘书”给我们的启发

前几年，网上有个“史上最强秘书”的职场案例，让网友们争论得面红耳赤。

某天，一个跨国公司的中国区总裁下班后，想回办公室取东西，到门口才发现自己没带钥匙。他与秘书联系，但秘书的手机关机，没办法联系上。气愤之下，这个总裁写了一封措辞严厉的“谴责信”，发给了秘书和几个高管。信中要求秘书不论是否下班，都要确认每个领导无事后才能离开办公室。

面对责备，这名想“整顿职场”的秘书也不甘示弱，回复了一封义正词严的辩解邮件，提出了6条意见，还把邮件发到了公司群：

1. 下班锁门是出于安全考虑；
2. 忘带钥匙是你的错，不能把错误转移到别人身上；
3. 老板无权干涉员工下班后的私人时间；
4. 不能要求员工做工作以外的事情；
5. 老板和员工人格平等，说话语气不能高高在上；
6. 本人以后无法也没有必要猜想或假定会发生什么。

两人孰是孰非，网友们争论不止，一些职场专家也来发表看法，一时间成了热搜。事情的结果是：不久之后，总裁和秘书双双离职，公司形象大受影响。

如果从机关工作角度看，我们觉得，这名秘书的责任更大。原因就在于她在办事上还不够成熟，或者没有掌握办事的正确方式。

这名秘书没有很好理解自己的工作性质，把握好自己的工作定位，办事也就不够周全。作为秘书，为领导提供服务，是基本职责。工作中，既要主动了解领导需求，承办领导交办的事务，还要对领导工作拓展延伸，提前谋划或准备有关事项，为领导补偿代劳。

正因此，秘书工作有特殊性，有些工作很难分清上下班界限，分内分外不好区别。下班后为领导送钥匙并不是分外之事。而手机关机，联系不上，就更体现出职业素养不够。上班与下班截然分开，在其他业务岗位还能说得过去，但在秘书岗位，就很不妥当了。

正确的做法是，这名秘书给总裁写一封回信，解释当天的原委并道歉，诚恳接受领导批评，后续会按照领导要求，确定每个领导无事时再离开。

这起事件，值得我们深思：机关内，到底怎样才是办事的正确打开方式？

⊙ 第一，要办事，就要勤想事

办事，是靠腿落实；想，是用脑思考。勤想事，就是在行动之前，多用脑反复思考。也就是人们常说的，办事要用脑子。办事用脑和不用脑是大不一样的。不用脑办事，从事的是体力劳动；用脑办事，就成了脑力劳动。

身处一个岗位，要经常思考自己的岗位职责、工作内容、工作方式，考虑领导的意图，考虑怎么把事情办圆满，把工作干出彩。做事情，干工作，多围绕法律政策想一想，多围绕中心大局想一想，多围绕单位实际想一想。善于思考，勤于思考，才能有所发现，有所体悟，有所精进。

⊙ 第二，要办事，就要善谋事

谋事，就是谋划、策划、参谋。

为什么机关工作如此稳定？就是因为各项工作都是提前谋划，有预案方案，有规章制度，有应急措施。有了紧急事态，拿出应急预案来，一一落实就可以了。手忙脚乱、心急火燎的情形基本不会发生。

“凡事预则立，不预则废。”做事情，贯彻好领导意图，就要能谋划出可行管用的好办法。而且，善谋事不能一上来就是土办法、老办法、笨办法，而要多探索新办法，拿出别人想不到的思路、办法，才能站得高、看得远、谋得深，才能办得好。

⊙ 第三，要办事，还要不误事

像前面那位秘书，不仅没有成事，反而误了事。为发泄一时怒气，意气用事，让公司声誉遭受重大影响。这就是坏了事、误了事。

有些人常躲事，看到事情躲着走，办事拈轻怕重，哪个简单做哪个，哪个轻松干哪个，稍微复杂一些就望而却步，躲来躲去，导致事情越来越大，情况越来越糟；有些人常漏事，工作没有计划性，办事习惯没建成，每天做的事头绪纷乱，不是忘了这个就是忘了那个，等到领导催才猛然想起来；有些人则常误事，修炼不够，素养不足，缺乏敬业和专业精神，情绪不稳定，高兴了冲劲十足，烦躁了应付敷衍，贻误了不少事情。

当然，会办事，还要保证不出事。贪廉一念间，荣辱两境界。不论工作内外，做任何事，干净都是前提。办事，必须保证做到走正路、留后路，不走歪路。

第二节 学会办事的基本法则

读过《教你坐下来能写》的人都知道，领导安排一个写稿任务，要想顺利完成，材料员们在动笔前，先会搞清这几个问题：

1. 材料在什么场合用、谁用？也就是明确具体任务。

2. 什么时候用？也就是明确任务完成时间。

3. 领导有没有特殊交代？也就是明确注意事项。

把这几个问题搞清楚、弄明白，再开始写，基本不会有大的差错，这是我们常说的“磨刀不误砍柴工”。相比于不问青红皂白，接到任务闷头就干，以至于推倒重来，走了弯路，这样质量更好、效率更高。

机关办事同样如此，不管事情大小，我们都要明白办事是有基本法则可循的，这样才能把事情办到领导心里去。要想把事办好，机关新人要从最基础学起。

⊙ 第一，厘清任务，弄清办事“三个要素”

就像写小说，有时间、地点、人物三要素，办事也有“三要素”。把它们搞清楚，就为办好事情创造了前提条件：

1. 具体办什么事？

2. 什么时间完成？

3. 有什么特殊要求？

在接受任务时，要聚精会神听领导安排，随时记录交办的事项，把领导意图搞清楚，在脑子里过一遍电影，把要办的事理清楚、想透彻、说出来。

有的人接受了工作任务之后马上就办，看上去是事不过夜、雷厉风行，但干着干着就可能发现路子不大对、越干越吃力。原因就在于，接受一项办事任务的时候，没有第一时间搞清楚领导为什么要安排做这件事，也就是这件事的起因是什么、目的是什么、成果或者效果是什么。只有这样，才能防止出现“只知低头拉车，不知抬头看路”，最后把活“干偏了”。

例如，领导安排你们部门今年开展一项创新性工作，这时，千万不能不问青红皂白铺开摊子就开干。在动手之前，要明白领导为什么突然想搞创新、想要什么样的创新。经过了解，才知道原来县委改革办要求各单位都要搞一个创新项目，作为年底单位考核指标。搞清楚这些，再跟自己的团队说清楚，让大家都明白到底要干什么。

⊙ 第二，深钻细研，拟订方案“三个步骤”

把事办好，就是要获得好的结果，排除或缩小坏的结果。明确了任务，下一步就要分解任务、落实任务。可以通过“三步走”的方式把事情办完办好：

1. 深入调研思考。办事，首先做一个全面细致的了解或调研，了解现状，摸清底细，也就是不打无准备之仗。想一想任务与平时的工作有哪些异同，怎样去办才能事半功倍。就像写论文，要把当前别人的研究成果搞清楚，不然干了半天别人早就研究过了，不是白费功夫吗？

2. 权衡利弊优劣。无论办什么事，都要趋利避弊、用优去劣。两害相权取其轻，两利相权取其重。在提出任务落实方案时，要借鉴以往做法，参照别的经验，根据实际，充分比较、反复思考几种方案的利弊优劣，拿出有分析、有建议、有见地的意见。把优点、益处发挥到最大，把缺点、弊端减少到最低。

3. 细化措施预案。提出的措施方案既要全面，又要细致，尽可能想到所有的情况，包括举措、细节、事项、效果，都要涉及。尤其是涉及具体的法规、政策、资金、人员等内容，一定要反复核实。要多考虑几个预案，把各种可能出现的变化和问题都详细考虑到，确保每个细节不出问题，才不致手忙脚乱，顾此失彼。

例如，搞创新，在起草方案前，要充分调研了解兄弟单位的同项工作现在到了哪个程度、哪些工作可以突破、创新点从哪里突破。列出几个题目，进行反复比照研究，从领导角度、工作强度、群众反响等方面分别列出优点、不足，看哪个更合适。向领导汇报时，说清楚每个选项实施后的优点、不足及影响。

⊙ 第三，统筹兼顾，审慎处理“三个关系”

1. 处理好缓与急的关系。机关工作每办一件事，都是有先有后、有急有缓。要结合事情的性质、轻重、顺序，领导的意图、要求，作出准确判断，有序安排。对于急事，要先急办不耽搁；对于缓事，则可略放一放。当然，要抓急不放缓，不能急中出错，更不能把缓事办坏。不管急事、缓事，都要尽力办好。

2. 处理好分与合的关系。机关办事，分工合作是常态。有的工作一个人、一个部门可以完成，有些工作需要集体配合完成。分工就是明确各自职责；合作则要互相支持、互相配合、相互帮助，合力完成。既不能把属于自己职责范围的事情推给别人，也不能孤军奋战，而是要上下协调，左右和睦，团结一致，合力攻坚。

3. 处理好大与小的关系。毋庸讳言，机关事务有大有小。一方面，大事领导重视、影响全局，一定要重点抓，集中精力把大事办好；另一方面，事情无论大小，都要从高度看、从小处办，也就是我们常说的“大事着眼、小事着手”。既要看清一件事放在全局意味着什么，又要把小事、杂事、琐事做得津津有味，不嫌麻烦，从而积小成大，养成办事的好风格。

例如，我们搞工作创新，靠一个人、一个部门是很难完成，里面既有马上就要落实的紧急性、细致性工作，也有机制、制度方面的长期性任务，需要统筹好各种关系，把任务分解落实，合作完成。

⊙ 第四，结果导向，把握检验“三个标准”

组织考察干部的一项重要内容是“想办事、能办事、办成事”。“想办事”体现主动性积极性，“能办事”体现能力水平，“办成事”才是最后的结果，也是最重要的方面。就个人来说，事情完成之后，对所承办的事项要自我复盘，回头检查检验一下。要把握好检验的“三个标准”：

1. 看任务完成情况。看任务有没有按要求全面完成，看工作质量有没有达到领导要求，看各个小环节有没有衔接好；有没有遗留的问题或潜在的漏洞，是否需要安排人员做收尾工作；人员配备是否合理，怎么改进。

2. 看任务完成时间。看工作进展情况有没有按照时间表推进；到某个时间节点是不是完成了对应的任务，是提前了还是拖后了，原因是什么；如果拖后，拖后多久，补救措施是什么。

3. 看任务完成效果。任务已经完成，看有没有达到预期，领导是否满意；领导的意见是什么，今后怎么改进；其他部门、其他同事对你的任务有什么看法；社会和群众有什么看法。会不会造成不良影响。

还以搞创新为例。创新任务一般跨度较长，到了交卷时间，就要考虑是否完成、完成质量，是否如期完成。是不是搞形式主义，为了完成创新任务而创新；领导怎么看、媒体怎么看、群众怎么看，都要通过复盘细致分析检验。

⊙ 第五，实事求是，把握复命“三个注意”

领命，就要复命，这是职场人的基本素质。没有复命，就等于没有完成，即便做得再漂亮都不圆满。办事不分大小，再简单的事情都要有复命意识。

复命就是“事事有着落、件件有回音”，要做好复命，需要把握什么时候复命、复命什么内容、怎样复命更有效等。

每办完一件事，或事情进展到一定阶段，应该向安排任务的领导复命，汇报任务完成的效果、时间，讲明存在和可能出现的问题，以及后续工作的打算、建议等。

复命时要注意三点：

1. 真实客观。对任务完成情况一是一、二是二地汇报，不扩大，不缩小，不夸大成绩，不隐瞒问题。

2. 谦虚低调。不借完成任务而自我夸耀，也不要喋喋不休地表功、诉苦。不吹嘘能力，不过度邀功，不借机要好处。

3. 宽以待人。避免提及工作中那些不很配合的部门或者同事，查找问题根源时，可能让领导误以为你在推卸责任，会损坏自己的形象。

第三节 做人守秩序，做事重程序

有经验的机关工作者，在实践中总结出了机关办事的规则。它们是：

1. 按法规办事；
2. 按程序办事；
3. 按职责办事；
4. 按要求办事。

这四条规则，人称机关工作办事“四金刚”，需要严格遵守，才能把事情办得顺利周全，不出差错。如果违反其中一条，那就会让你办错事，出力不落好，流汗又流泪。

“四金刚”中，第一条和第四条一般都可以做到。我们最应该注意的是第二条和第三条。这一节我们先说第二条——按程序办事。

有个领导曾说出一番肺腑之言：“在机关，做任何事都不要想当然，要按程序办，不按程序办事，出了事是吃不了兜着走。”

似乎说得有些吓人，但看一下 ×× 市纪委 2021 年通报的这个案例：

×× 市委党史研究室一级调研员 ××× 乱决策、乱拍板、乱作为问题。2017 年至 2018 年，××× 任市委党史研究室编研处处长期间，违反“三重一大”事项决策机制、室务会议事规则、重点科研课题组织管理暂行办法等规定程序，擅自决定相关书籍的审核、排版制作、样书印刷等相关工作，存在乱决策、乱拍板、乱作为的形式主义、官僚主义问题，导致所负责工作存在较大廉政风险和工作漏洞。2021 年 3 月，××× 受到党内警告处分。

机关内为什么必须按程序办事呢？

按字面意思，程序是开展工作、处理事务、组织活动等所应遵循的流程、步骤和次序，也就是第一干什么，第二干什么，第三干什么，第四干什么等，有个先后顺序。

程序是历史经验的总结。机关是最讲程序的地方。机关每件事情的开展，都有一定的程序。讲程序，就是讲规矩、讲规范、讲层级，只有程序严密、严谨，才能确保各项工作有序运行，也才能避免工作过于随意，防止徇私舞弊，杜绝权力滥用。

机关内虽然有些程序过于烦琐、冗长，但该有的程序还必须得有，缺少了其中一步程序，都可能造成不良后果。当然，如果非常紧急，可以走另一套特事特办的程序。

例如，发展党员，需要经过申请、培养、支部大会通过、上级党组织批准等程序，还要经过预备期的考察，才能成为正式党员；如果表现突出，则可以“火线入党”。拟制公文，需要遵循起草、审核、签发等程序，如有急件，可以特事特办。市委虽然已经任命张三为“市发改委党组书记”，但未经人大法定任命程序，不能称为“市发改委主任”。

可见，按程序办事是工作有序推进的“路线图”、工作质量的“保障网”，还是风险隐患的“防火墙”。

但在现实中，有些领导却不按程序办事，绕过程序拍脑袋决策、拍胸脯许诺；有些工作人员总是嫌麻烦，喜欢抄近路，视程序而不见、置程序于不顾，自以为是、自作主张，过于想当然。有的痴迷人情关系，认为大家平时都很熟悉，没必要走程序，遇事习惯打个招呼；有的夹带私心杂念，选择性遵守程序，对自己有利的就按程序办，对自己不利的就绕过程序。

这样做的结果，遗患无穷。于公，会造成公权私用、决策失误，程序虚设；于私，会被追究责任。

做人守秩序，是遵守社会公德；做事重程序，则能体现职业素养。

能否严格按程序办事，是对机关人员法治观念、规矩意识和工作作风的考验。从上岸开始，机关人员就要自觉养成强烈的程序意识，了解熟悉程序，严格按程序办事。

作为机关人员，应该怎样按程序办事呢？

⊙ 一是一步都不能少

所有的程序都要一步步按流程走完，少走一步，就会少了一道程序，难以保证办事效果。完成一项审批，需要盖 5 个章，只盖了 3 个章，肯定是违反规定的。

遗漏程序的原因：有的是机关新人对程序不熟悉、不了解，从第一步直接到了第三步，对此要尽快学习，掌握工作程序流程；有的是工作繁忙，头绪繁多，或者时间跨度太大，导致漏了程序；有的则是工作粗疏大意，不够仔细认真；还有的是某一方面存在问题，试图跳过程序避开审查。这些，都是非常有害的。

⊙ 二是一步都不能跨

有的机关干部碍于人情，过于相信他人，擅自简化甚至省略程序，先盖章再要材料，“先上车后补票”。有的干部图省事，把材料初稿呈给直接领导、分管领导、“一把手”三个领导同时审阅，结果领导意见互相抵触，弄得很是尴尬。

更有甚者，不顾程序越级请示汇报，甚至搞先斩后奏，把“生米煮成熟饭”，这是机关非常忌讳的行为。会影响领导之间的团结，也会让领导对这名干部产生不好的印象。

⊙ 三是一步都不能乱

乱就是程序颠倒混乱，本来应该“一二三四”，非要来个“四一三二”。该先办的后办，该后办的先办。虽然走了程序，也没有减少程序，却把程序走错了。

例如，纪委办案，按程序是受理、问题线索处置、初步核实、立案审查调查、审理、复审复核等，如果把立案审查调查放在第一步，肯定是不对的。机关人员一定要熟悉工作程序，防止出现此类错误。

⊙ 四是一步都不能空

程序空转，就是形式上走了程序，实际上走了过场，按程序办事流于形式，没有真正落地，只有其名没有其实。例如，召开组织生活会，会前准备阶段要制定方案、组织学习、征求意见、反馈意见、谈心谈话、撰写发言提纲、召开会议、向上级报告等。某些支部空了很多程序，甚至不准备就直接开会，效果很不好。

由此可见，机关人员无论于公于私，都要时刻绷紧程序意识这根弦，对自己参与的工作、负责的事项、经手的文稿，按照程序要求，一步一个脚印地完整走下去，切实防止程序缺漏、倒置、空转。

第四节　有职必有责，有职必尽责

明代作家江盈科的《雪涛小说》中记载了一个“剪矢留镞”的故事，后世广为流传：

有医者，自称善外科。一裨将阵回，中流矢，深入膜内，延使治。乃持并州剪，剪去矢管，跪而请谢。裨将曰："镞在膜内者须亟治。"医曰："此内科之事，不意并责我。"

这个庸医号称外科专家，给人治疗箭伤，却直接把外面的箭身剪掉了事，对肌肉里的箭头不管不问，还振振有词地说"内科的事不归我管"。寥寥几句，刻画出一些人只看表面、不管整体，仅凭主观臆断就妄下结论，酿成大错，愚蠢可笑。

按职责办事，是机关干部必须把握的另一个工作原则。但现实中，有的干部歪解、误读"职责"，不作为、慢作为、乱作为，遇到事情就一句"不关我的事"，还有的干部则墨守保护主义，固守自己的一亩三分地，听不进任何意见，动不动"不关你的事"。这两种处事方式，贻误了工作，影响了群众利益，更遭到领导的批评甚至被问责。

机构编制是一项非常严肃、非常重要的工作。机关是因事设位，因责设岗，哪一级机关担负什么职责，要设多少部门，需要多少编制，都是由党委编办部门反复论证、科学论证才定编定岗的。

就整体来说，设置某个单位是让其行使某一个方面的管理职责，承担治理重任；就个人来说，有编就有岗位，有岗位就有职责，有职责就要履行。

所以，从理论上说，只要每一个处室，每一个岗位，每一名干部都干好各自的事，尽好自己的责，机关工作也就做好了，不会出现工作落实不到位的情况，也不会出现"好事抢着做，难事躲着走，坏事没人管"的情况了。

按职责做事，对机关人员来说，有三方面要注意：

⊙ 一是不能不作为、不干事

人们常说：在其位谋其政，在其位尽其责。守土有责，人处在什么岗位就要履行什么职责。岗位就是责任，职务就是责任。这是基本的职业道德和职业素养，更是一个人责任心的体现。作为一名普通公务员，不论在哪个岗位上，都是行使公权力的。该干的不干，该落实的不落实，肯定影响经济社会发展、影响群众利益。

这几年，有的地方纪委监委通报了一些机关人员不作为、不干事的典型案例，让人触目惊心。

××市不动产登记中心登记股股长尚××在政务服务工作中不担当不作为问题。2023年2月，尚××在为群众罗某办理不动产证业务过程中，服务意识不强，担当精神不足，在明知罗某身患重病的情况下，仍机械执行不动产登记相关制度规定，对罗某前后四次申请均不予解决办理，在群众中造成不良影响。尚××受到政务警告处分。

属于自己的职责不去做，视而不见，充耳不闻，到了被通报的地步，说明很没有责任心。在“慵懒散漫”四个不正之风中，属于“懒”。本来只要履行好自己的职责就可以避免的，却没有引起重视，只能是咎由自取。

⊙ 二是不能慢作为、慢干事

机关还有的人不是不干事，而是慢干事，遇事能推则推，能拖则拖，“上司交代及时办、涉及利益看着办、太极打足拖着办、百姓着急也不办”。这些人常钻百姓不知情的空子，遇事“拖、推、绕”“等、靠、要”，让人气得跺脚、着急上火。

“慢作为”也是一种不作为，表现出来的是一些人员办事拖沓，不一次交代清楚，是一种典型的官腔作派。

××市公安局××区分局××派出所所长王××在案件处置中慢作为问题。2016年4月，王××在办理一起扰乱社会秩序案件时，消极懈怠，没有及时采取措施传唤涉案人员王某，致使该案长达一年半的时间没有得到有效处置，直至 2017 年 10 月王某再次实施违法犯罪后才被抓获。2019 年 5 月，王 ×× 受到党内警告处分。

相比于不作为，“慢作为”更多也更隐蔽。一些人认为“慢作为”不会“上纲上线”到违纪违法层面，一般不会受到太大的处分。“慢作为”的低成本致使一些干部习以为常、我行我素。更有些干部，借此吃拿卡要，不拿好处不办事，导致许多群众跑断了脚、磨破了嘴，严重影响党和政府在人民群众心中的形象。

⊙ 三是不能乱作为、乱干事

球场上，前锋、后卫、中卫、门将必须各司其职，绝对不能满场乱跑，“种了别人的田荒了自己的地”。机关里，有的部门和干部不严格按照职能职责办事，该管的不好好管，不该管的却想兜揽过来；有的部门之间职能交叉，职责界限不清，不同部门管同样的事情，结果是“九龙治水”，几个部门都没有管好。

看看下面这个例子：

×× 市公安局 ×× 乡派出所乱作为问题。2020 年 12 月至 2021 年 1 月，该派出所在查办犯罪嫌疑人翟某偷盗摩托车案期间，为完成办案指标，在综合考核排名上能靠前一些，故意伪造报案材料，将 2 起并非翟某所盗的摩托车案以及 7 起伪造的盗窃摩托车车内汽油案安在翟某身上，并履行立案程序。相关责任人分别受到党纪政务处分。

机关工作就像跑接力赛，每个人都要认真跑好自己那一棒，尽可能地迈前一步，不落空档，从“越位点”退出，把“缺位点”补上，就可以算得上一名优秀的工作者。

当然，作为有追求的机关人员，还要努力发扬“工匠精神”，以强烈的责任感工作办事，做到在其位、谋其政、负其责、尽其力。只有这样，才能把事办得圆满，把人生过得精彩。

第五节　无协调，不办事

这事发生在公车改革之前：

这天一早，县农业局张副局长要赶到市里参加一个会议，不想他平时乘坐的汽车因机械故障无法启动。张副局长立即找办公室调车。局办公室杨主任情急之下，将刘副局长乘坐的丰田轿车，临时调给了张副局长使用。

谁料刘副局长上午也要到市里开会。因为是紧急通知，前一天晚上没来得及告知办公室。他早晨一到单位，才知道乘坐的车临时调给张副局长了。

小小的调车竟捅了马蜂窝。办公室杨主任费了一阵功夫才算协调好。

像这样的协调，在机关，每时每地都在发生。工作在协调，吃饭在协调，甚至连睡觉都在协调。只要一睁眼，就会有需要协调的事。

三分能力，七分协调。

有人说，机关就是协调；也有人说，领导的本质就是协调。

协调说起来很容易，无非是通过沟通、协商、说服、调解、指示等，做做思想工作，调解上下、左右的关系，大家达成共识、相互配合、化解矛盾，让工作开展下去。

但做起来很难。

协调是一门大课题，也是公认的大难题。

国家行政学院对40多个部委的司局级领导进行了一项问卷调查，请他们对领导应具备的10种能力进行排序，有80%的人把协调能力放在第一位。

美国《财富》论坛对世界500强的高管做过调查，请他们回答为什么管理活动中会出现失败，几乎所有高管都认为，失败的原因是缺少协调人际关系的技能。

为什么协调这么重要？

一来，协调无处不有，无时不在、无事不有。每个机关、每个单位、每个科室、每个人都不是孤立存在的，无法处在世外桃源。有联系就会有矛盾，就要有协调。矛盾在哪里出现，协调就要到哪里进行，而且协调的内容非常庞杂，工作协调、人际协调、时间协调等，应有尽有。

二来，协调是与人沟通。协调的是事，但是和人打交道。即便擅长交际的人，面对各有所执、立场不同的关系，也是众口难调。而机关协调尤其难。机关有些人觉得自己的事最重要，想让他后退一步实属不易。要想协调好，人人满意，哪个都不得罪，就要费口舌。

三来，协调是平等协商，不能靠以上压下，发指令强制。协调的对象层次有别，事项轻重不同，时间缓急不同，因人而异、因事而变，需要讲艺术方法。

因此，协调被赋予了很多使命：它是工作内容，也是工作方法；它是一个手段，也是一种能力；它是一门领导科学，也是一门沟通艺术。

机关想办事，必须学好协调这门功课，必须掌握协调这个能力。

协调的事情有大有小，无法穷尽，但不外乎对上、对下、对内三个层次。

⊙ 对上：要协调好与上级的关系

陈云讲过："领导方式的中心问题，是正确处理上下级关系。"良好的上下级关系，是资源，也是财富。只有协调好与上级的关系，才能争取到上级的理解、支持、关心、帮助，争取到宽松、有利的工作环境，有利于工作顺利开展。

协调与上级的关系，首先要摆正位置。机关内，下级服从上级，及时汇报工作，落实好上级安排的任务，是分内之事。在协调时，还要注意下面 7 点：

一是遵守组织原则，维护上级权威；

二是领会上级精神，回应上级要求；

三是大事请示汇报，小事独当一面；

四是熟悉工作业务，当好参谋助手；

五是创造工作业绩，赢得上级支持；

六是注重沟通交流，提供情绪价值；

七是学会换位思考，理解上级难处。

有些人不会协调上级：要么盲目服从，曲意逢迎，不敢合理进言，上级有缺漏也不提任何反对意见；要么喧宾夺主，自作主张，越权越位，不注意收敛和约束自己；要么和上级过于亲密，没有保持适当距离，期望过高，上级不能满足自己就闹情绪。这些都是不可取的。

⊙ 对下：要协调好与下级的关系

协调与下级的关系，既是领导应有的品格，也是调动下级积极性的重要因素。只有协调好内部关系，才能使下级心情舒畅、动作整齐、步调一致，不用扬鞭自奋蹄。协调下级，要注意下面 5 点：

一是尊重下级需要，关怀下级成长；

二是了解下级才华，发挥下级特长；

三是尊重下级职权，支持下级工作；

四是尊重下级意见，倾听下级呼声；

五是尊重下级人格，维护下级面子。

有些人不愿协调下级：要么颐指气使，盛气凌人，不尊重下级意见，不考虑下级正常诉求，不给下级宽松环境，也不为下级排忧解难；要么放任自流，迁就错误，庇护缺点，不纠正偏差，导致下级没人指导，无人管理；再要么用人非其长，做不到人岗相适，不关心下级成长进步，影响工作积极性。这些在工作中都要尽力避免。

⊙ 对内：要协调好与同级的关系

同级、平级科室之间地位平等，职能交叉，既合作又竞争。协调好了，可以互相帮助、互相促进，处处得心应手，创造良好氛围，增强向心力、凝聚力。协调同级关系，要注意下面 6 点：

一是明确分工，减少职责交叉；

二是顾全大局，克服本位主义；

三是加强沟通，避免误解歪曲；

四是互相配合，克服内部消耗；

五是理性竞争，避免两败俱伤；

六是相互支持，杜绝相互拆台。

相比上下级之间的协调，同级之间的关系最不好协调。有些人不会协调同级关系：要么关起门来，把主动沟通看作低三下四，求人办事，对别人的请求爱答不理；要么无原则迁就同级，只要对方提出来就无条件满足，没条件创造条件也满足，自己反而受了很多委屈；再要么不善化解同级矛盾，采取“鸵鸟心态”回避问题，导致积怨越来越深。这些也是不正确的做法。

办事过程是如鱼得水，还是处处碰壁，就看协调能力如何。不管哪种形式的协调，都不可小视。要掌握协调方法，把控复杂关系，从人性角度，坚持原则性与灵活性统一，以诚待人、平等待人，敢于协调、善于协调，巧妙运用语言艺术，通过协调平衡各方。这样，才能把关系协调好，也才能把事办好。

本章小结

- 掌握办事好技巧
  - 于细微处见真章
    - 勤思考：岗位职责、工作方式、领导意图、如何把事情办好
    - 善谋事：贯彻领导意图，谋划可行方案
    - 不误事：走正路、留后路、不走歪路
  - 办事的基本法则
    - 三个要素
    - 三个步骤
    - 三个关系
    - 三个标准
    - 三个注意
  - 办事重程序
    - 对机关人员法治观念、规矩意识和工作作风的考验
    - 自觉养成强烈程序意识，了解熟悉程序，严格按程序办事
    - 一步不能少、一步不能跨、一步不能乱、一步不能空
  - 做事守职责
    - 忠于职守，拒绝“不作为”
    - 积极行动，拒绝”慢作为”
    - 各司其职，拒绝“乱作为”
  - 成事须协调
    - 对上
      - 遵守组织原则，维护上级权威
      - 领会上级精神，回应上级要求
      - 大事请示汇报，小事独当一面
      - 熟悉工作业务，当好参谋助手
      - 创造工作业绩，赢得上级支持
      - 注重沟通交流，提供情绪价值
      - 学会换位思考，理解上级难处
    - 对下
      - 尊重需要，关怀成长
      - 了解才华，发挥特长
      - 尊重职权，支持工作
      - 尊重意见，倾听呼声
      - 尊重人格，维护面子
    - 对内
      - 明确分工
      - 顾全大局
      - 加强沟通
      - 互相配合
      - 理性竞争
      - 相互支持

第五章

养成办事好习惯

第一节　凡事打好“提前量”

市里检查党建工作的预备通知，提前一个星期就下发了。小刘正忙活其他的事，看事情不急，就随手丢在一边，很是悠闲自在地过了元旦假期。

节后一上班，正式通知就来了。检查组由市直机关工委书记带队，第二天上午9：30到。对照检查的十多个项目，每个项目都要求有资料、有记录、有档案盒，有的还要有照片、PPT，小刘实在是有些傻眼。

机关工作中，这样的场景不少见。

工作状态上，有些人习惯性地被工作任务牵着鼻子走，到最后才在手忙脚乱中匆忙“交卷”，总是仓促上阵。

工作程序上，有些人前紧后松，没有考虑一项工作“在路上”的过程，预留后期时间不足，只能草草收尾，该走的程序、该有的环节统统省略。

工作成效上，因计划不周，一项政策、一个项目没有经过充分调研，论证不充分、不完善、不合理，就仓促出台或上马，不仅影响工作进展、侵害群众利益，更损害单位和个人的形象。

以上这些，都在于缺乏对工作的前瞻性思考，行动上没有打好“提前量”。

准备不足而仓促上阵，计划不周而凑合应付，缺乏深思而影响质量，不留余地而紧张被动，这是一些机关人的工作常态。

为什么会这样？

客观上，现在工作确实烦杂、饱和，一项工作刚开头，马上又来一项工作；一份文件没落实，紧接着又来一份文件……这些都让机关人员难以招架，想打“提前量”也没法打。

主观上，有的人责任心不强，效率低下，做事拖延，习惯放到最后冲刺；有的人能力不足，难以满足领导要求，只能一遍遍返工；有的人不会预判，没有前瞻性，只顾埋头拉车不会抬头看路，没有考虑到可能阻碍工作进展的因素；有的人则是不善沟通协调，不了解哪些需要别人配合，不是你等我就是我等你，没有做到齐头并进……

古人云：“宜未雨而绸缪，毋临渴而掘井。”做工作，要有超前意识，想在前、谋在先。

思想上不等不靠，工作上提前介入。有时限要求的，争时间、抢速度，加班加点地突击；没有时限或时限要求比较宽松的，早安排、往前赶，早谋划、早准备、早启动、早落实。这样，才是会打“提前量”。

⊙ 打好“提前量”，要有“机动性”

机动性，就是做事前留出一部分时间，养成凡事提前十分钟的好习惯。

做事有机动性，在时间上留出余地，在措施上做好预案，给工作留足机动空间，才能从容应对各种突发情况和不可预见因素，掌握工作主动权，有序调整、不乱阵脚，做到“泰山崩于前而色不变”。

比如，早上提前十分钟出发，就避开了高峰期，不至于因为堵车迟到；每次考试老师都让学生先易后难，留出十多分钟检查一遍再交卷。

机动性就是主动性。有些人习惯推一下动一下，不推不动，拨一下转一下，不拨不转，让领导很是无奈。主动工作的人，则事先考虑，提前安排，可以给领导完全不同的印象。

反正都要面对，反正都要处理，为什么不早一点处理呢？到了目的地，完成了任务，再放松一下舒适的心情，不是更好吗？

⊙ 打好“提前量”，要有“望远镜”

旁观者清，当局者迷。工作既要埋头拉车，也要抬头看路。有时候，勤奋和结果并不成正比，因为方向不对，越努力越被动。

拿起“望远镜”，就是把工作任务看得远一些，看得更清楚，了解周围的形势，熟知当前所处的阶段，哪些工作还没完成，哪些工作已经完成，对工作中可能的困难、障碍、意外等不利因素提前预判，作出必要的准备。

有了“望远镜”，才能避免事与愿违，才能避免南辕北辙，才能避免事倍功半。

⊙ 打好“提前量”，要会“弹钢琴”

“弹钢琴”，就是学会统筹方法，分清轻重缓急。

机关工作千头万绪，烦琐无章，每天有关系大局的大事，也有各种皮毛小事。如果不会“弹钢琴”，十个指头平均用力，你会发现事情多得根本处理不完，更没有足够的精力做好更重要的事。事情越堆越多，长此以往，自己会陷入焦虑的负面情绪中。

在领导看来，一名机关人员，懂得轻重缓急比任劳任怨重要得多。要学会给事情分门别类，把每日待处理的事分成今天“必须”做的事、今天“应该”做的事、今天“可以”做的事。用“优先顺序 = 重要性 × 紧迫性”给事情进行排序：紧急且重要、不紧急但重要、紧急但不重要、不紧急也不重要。

虽然不是每件事都能分得那么清楚，但只要划分出轻重缓急，你的工作就没有那么杂乱了。

⊙ 打好“提前量”，要有“路线图”

明确了“干什么”，也要明确“怎么干”。我们都有这样的经验：如果有一份精确可靠的地图走，就能多快好省地抵达目的地。

落实好工作，既要有工作能力，也要有工作思路，即时间表和路线图。一份科学合理的路线图除了“致广大”，还须“尽精微”，让每个环节都切实可行，清楚明白什么时候该做什么、怎么做。

这就要求机关人员学会“过电影”。

心理学研究证明，“过电影”是个很好的习惯，先在脑子里把工作过一遍，越细化越好，越精确越好，最后形成闭合回路。通过一遍遍路演，让自己心中有数，面对突发情况时，才不会忙中出错。

看那些机关成功人士，做事从容，云淡风轻，极少风风火火，因为他们善打“提前量”，预备了足够的余量。

这是值得学习的。

第二节 时刻想着如果自己带队……

机关新人除了脚踏实地、认真细致，任劳任怨干好领导安排的工作，慢慢积累经验，还能做些什么更好更快地提升自己各方面的能力，甚至弯道超车呢？

答案是——学会“思维越位”。这就是人们常说的“身在兵位，胸为帅谋”。

如果我是科长，我该怎么安排这件事？

如果让我来做调研方案，我该怎么处理？

如果让我作为工作专班负责人，我该怎么推动这项工作？

这就是“思维越位”。

刚进机关的前几年，每个新人都跟初进贾府的林黛玉差不多，谨小慎微，领导安排什么做什么，领导让怎么干就怎么干，从来不去思考为什么这么做，不用考虑初衷、原因，也不用考虑效果、影响。

这是机关工作的必经之路。以服从为天职、以执行为根本，把领导交待的工作不折不扣、尽善尽美完成好、落实好，就是最大的成功了。

只是，工作几年之后，如果仍然只是机械执行、奉命行事，工作中不愿动脑，没有自己的思考，也没有自己的主见，领导就会逐渐对这个人产生不值得压担子的印象。

《机关行为 36 忌》一书中罗列了机关工作中 36 种不能做的事情，其中的第一忌是“没有没有”。很多人都很奇怪，“没有没有”是个什么情况？又何以在 36 个行为大忌中居于第一？

读过之后，就会恍然大悟，作者所说的“没有没有”，是指一些机关人员对工作“没有准备、没有尽责”，领导问及他对工作的设想、建议、看法，统统回答“没有”。他们只会遵照领导吩咐做些重复性、机械性的工作，对工作没有思考，没有思路、没有想法。

比起其他行为忌讳来说，看似随意的一句“没有没有”，是很要命的。工作了几年，仍然对工作没有任何理解和建议，迟钝得如同木头，说明这个人对工作极不上心、不求甚解。在机关，最怕年轻时就得过且过，“摸鱼躺平”。在领导看来，这样的人，是没有培养前途的。一旦给领导留下这种印象，就很不妙了。所以，把“没有没有”作为机关忌讳榜首，确实是实至名归。

俗话说：当家才知柴米贵，养儿方知父母恩。

从被别人带着做事，到带着别人做事，这是非常重要的思想转变。尽管职务还是一名小科员，但要学会养成新的思维习惯，遇到事学会“思维越位”：如果我是处长、科长，我会怎么处理？有了这个想法，才会认真观察，才会思考自己存在哪些不足。为什么处长、科长那么处理更周全？我有没有更好的办法？这绝不是想当领导而胡思乱想，而是换位思考、角色体验，是一个非常好的习惯。

⊙ 一是要培养执行力

一分部署，九分落实。执行，就是做事，就是落实，把领导安排的事情做完。

空谈不仅误国，还会误人。执行力体现一个人的素质与能力，素质越高，办事效率越高，执行力就越强。一个没有执行力的人，既贻误工作，也耽误个人。

我们要把强化执行力作为基本要求，充分发挥年轻人意气风发的豪情，拿出风风火火的干劲，不讲价钱、不讲条件、不打折扣，坚决服从、坚决执行，出色完成领导交代的每一项工作。

⊙ 二是要培养观察力

作为新人，进入机关，首先要做的就是多看，常观察、会观察、善观察。只有这样，才能抓住关键，找准症结；才能学到领导做事的好技巧、好办法；才能看清形势，发现机会；才能守住底线，审视危险。

我们要通过任何可能的机会，多渠道、多角度、多方位、长时间、近距离观察领导的一言一行，直接感受、切实领悟领导的处事技巧，看在眼里，记在心里，绝不能做鸵鸟，逃避现实。

⊙ 三是要培养模仿力

机关里有个很特殊的现象：谁的下属像谁。领导雷厉风行，下属往往干脆利落；领导细腻严谨，下属往往细致谨慎；领导左右逢源，下属往往机灵活泛。

模仿是入门的前奏，也是创新的前奏。写材料要模仿，做事更要模仿。新进入机关，每个人都是一张白纸，只能通过观察、模仿，学习工作方法和技巧。

新人既要模仿借鉴以往的工作流程、工作方案，也要模仿领导讲话做事和协调关系技巧方法，多思考、多总结，在工作中检验模仿的效果。当然，模仿要有所取舍，重要的是模仿思路、思维，而不是照猫画虎，全盘套用具体的条条框框。

⊙ 四是要培养创造力

执行力和创造力哪个更重要？这曾是不少大学的辩论赛题。

瑞幸和贵州茅台联名推出的“美酒加咖啡”——酱香拿铁首日销售额过亿，火爆全网，据说就是从最开始的创意，外加瑞幸咖啡的执行而成为爆品的。这验证了创造力和执行力你中有我、我中有你、密不可分的关系。

年轻干部多数处于执行层面，第一位的是要做好自己的本职工作，不要眼高手低，也不能成天想入非非。做好工作的同时，用一些时间和精力锻炼“思维越位”，考虑工作的方法技巧，适当提出自己的想法建议，对个人成长大有裨益。

这种换位思考，可以锻炼一个人处理问题的能力，增加工作历练，提升个人能力水平。而且，一旦走上了领导岗位，自然会很快进入角色，有一定的创造力、创新力。

很值得一试哦。

第三节 “参”在点子上，“谋”在关键处

为领导当好参谋、出好点子，既是机关干部的分内职责，也是检验干部各方面能力素质的试金石。

它既能检验一个人的忠诚态度、担当作风，也能检验一个人的思维能力、业务水平，还能检验一个人的为人处事技巧、人际交往能力。通过参谋考察干部、识别干部，确实是一个极好的抓手。

但在现实中，不少机关干部却在这上面表现得非常一般，甚至不及格。

有的干部不懂参谋，有的干部不敢参谋，有的干部不会参谋，也有的干部不善参谋，还有的干部胡乱参谋。

有人认为，领导高高在上，一言九鼎，有绝对权威，不容置疑。作为下属，只要抓好落实就可以了。这既是对领导的尊敬，也符合下级服从上级的体制规则，更契合职业准则和职业道德。

这种观点有些片面。

是进还是退，是往左还是往右，是发展第二产业还是发展第三产业，项目是上还是下……领导固然有最终的决策权，但称职的领导并不是拍脑袋、拍胸脯一下子完成的，而是在分析资料、研判形势、集思广益基础上，反复权衡才作出的。

作为下级，虽然是领导决策的执行者、落实者，但也是领导决策的参谋，是领导决策执行的助手。

历朝历代都重视采纳下属建议，设置专门的谏官，对君主过失进行直言规劝。谏官与监官，并称“言官”。为什么君王和领导那么英明，还需要

谏官和助手呢？

清乾隆年间有个大臣叫孙嘉淦，给刚登基的皇帝上过一个奏疏。这个奏折被后世称为“清代第一奏折”，可媲美魏征的《谏太宗十思疏》。奏折里，孙嘉淦提到了影响皇帝决策的“耳习、目习、心习”三习：

作为领导，听惯了下属阿谀奉承，就听不进逆耳之言，听到的都是歌功颂德，就听不到真实情况，这是“耳习”；

作为领导，看惯了下属低眉俯首，就看不惯正直做派，看到的都是掩盖装饰过的盆景，就看不到事情的真相，这是“目习”；

作为领导，习惯了下属百依百顺，就厌恶下属的据理力争，习惯了百依百顺，就憎恶那些拂逆自己的人，这是“心习”。

这样的结果，领导自然听不得逆耳之言，见不得碍眼之人，容不得拂意之事，必然会产生巨大的弊端——“喜小人而厌君子”。这是当领导的大忌。

孙嘉淦说的这些情况，古今中外，任何场景，都真实、普遍存在。

“将在谋而不在勇。”手上磨出茧子，不如大脑出个点子。现代管理需要方方面面的信息，更需要处理这些信息的技巧和方法。领导作为个人，虽然站位高，分析能力强，把握时机准，但也不可能对所有情况都了解，对所有信息都能辨别真伪，何况“智者千虑，必有一失”，他们非常需要“谋士”，需要为决策提供依据。所以，“不耻下问”才成为佳话。

只是，一些机关干部既不会“参”，也不善“谋”。有的理论功底浅，认知水平低，不能正确理解领导意图；有的不善分析研判，认不清现状，看不清形势，缺乏客观全面的认识；有的把握不准参谋的时机，不是过早就是过晚；有的不懂参谋技巧和沟通艺术，让领导反感，好的建议却不被采纳；等等。要提出好点子，可以但不限于在以下几个方面做出努力。

⊙ 第一，既要有胆识，也要有意愿

有的人有“领导恐惧症”，看到领导就害怕，和领导说话就紧张，认为自己“职小位卑、人微言轻”，不敢与领导互动。也有人把给领导提建议，当成是阿谀奉承、当“显眼包”，甚至是打小报告。无论哪种想法，都是缺乏胆量、胆识的表现。

当参谋是有风险的，很需要勇气。参谋好了，可能被人嫉妒；参谋不好，可能被冷落。尽管这样，也要有强烈的参谋意愿。在做好执行、落实的同时，保持随时发现问题、审视问题的意愿。这样，才能主动地加强学习，增强敏锐性，提高观察分析问题的能力。

⊙ 第二，既要会献策，也要不决策

领导决策，是在把握形势的前提下，分析政策，研判形势，找对方法，解决问题。给领导参谋，要围绕以下这几个方面，找准对接点、切入点，不能什么建议都提，什么点子都出。

一是帮领导分析问题到底是什么，问题找得准，才能对症下药；二是帮领导研究透彻法律政策，政策对了头，决策才有依据；三是帮领导研究趋势，趋势看得清，决策才有预见性、前瞻性；四是帮领导找准方法，方法对头，决策才有可行性，甚至事半功倍。

当然，最后的决策，都是由领导定夺，我们只是给领导提供思路和信息，绝不能越权越位。

⊙ 第三，既要有速度，也要有深度

把握好参谋时机，非常重要。很多人自以为提了很好的建议，却没有派上用场，被视为“马后炮”，就是因为没有把握好时机。

这就要求我们虽然走在领导后头，但要想在领导前头，随时关注形势的发展，谋在领导之先。

一是对业务，要比领导了解得细，掌握得全；小中见大，从一滴水中见到太阳，一看到苗头，就能预测到可能发生的倾向性问题。二是货比三家，了解兄弟单位的新经验、新成果，做到人无我有、人有我高、人高我特。这样提出的建议，才有预见性，也才有深度。

⊙ 第四，既要会赏花，也要会挑刺

正如孙嘉淦所言，人都喜欢听好话，不喜欢被否定。敢于说真话，还要善于讲真话，做到有理有据有节。古人进谏时，有些话不便明说，便通过比喻或者类推，形象地阐释观点。领导都要面子，我们提出建议时，也一定要讲究技巧。

例如，可以采用先赏花、再挑刺的办法。先肯定成绩，再提出建议，先扬后抑，这不是奉承，而是让我们的建议更容易被领导接纳，减少领导的抵触和反感，让领导感受到你的真诚善意。

⊙ 第五，既表达异见，又坚决服从

做领导的参谋助手，心态上一定要保持平和。参谋要从大局出发，出于公心，不能只顾及自己的利益，对自己有好处就去提建议，没好处的就不管不问。

领导是否接受自己的建议，有领导的考量，不要固执己见，抱怨领导；领导作出了决定，即便不是自己的想法，也要不折不扣地执行，如期完成工作任务，而不能撂挑子不干或者阳奉阴违；最后，就是要有雅量，不要揽功推过。自己的想法被采纳，取得了成绩不能到处吹嘘；出现了失误，要及时反思，而不能上推下卸，撇得一干二净。

总之，给领导当参谋、提建议、出点子，是一篇大文章。历史上有很多成功的例子，也有不少失败的例子。机关干部要想尽快成长，有所作为，提高自己的参谋水平和能力，既是一条捷径，也是一条必经之路。

第四节 只要办好“三大件”，走遍天下都不怕

无事不机关，办事是机关的存在方式。如今，随着信息化、数字化发展，大小机关的事务从内容到形式有了不少变化，越来越丰富化、多元化，呈“乱花渐欲迷人眼”之势。

但无论怎样发展，办会、调研、出差，是每个机关都绕不过去的具体事务。学会周密、细致、圆满地办好这三件大事，就具备了很好的办事能力，不论大小机关都可以应付自如了。

⊙ 其一，办会最忌“想当然”

进了机关，每个人都要和“会”打交道，不在开会，就在办会。要让“会”圆满顺利，开成成功的大会、胜利的大会，需要做大量的幕后工作。有经验的人都知道，办会出错的，经常是那些“想当然”的地方，这也是最需要防止的。

要如临深渊、如履薄冰。

会务工作看似简单，实则千变万化、学问很深。它是在领导眼皮底下进行的一场现场直播，任何纰漏、瑕疵，都会被看得一清二楚，一个小小的疏漏就可能让之前的付出变得劳而无功。有些人觉得自己是“老机关”“老会务”，喜欢凭经验办事，经常“想当然”，动不动拿“以前这样做的”说事儿，该去现场的不去，该调试的音响没调试，结果酿成大错。在办会上，越凭老经验越容易出事故，越盲目自信越容易出问题。我们一定要把各种情况考虑周全，按照程序要检查的，一个都不能少。只要会议还在进行，

任何想不到的事情都可能发生；只要会议没结束，都要时刻小心翼翼，考虑周全，不能放松下来。

要不厌其细、不厌其碎。

有人统计了某市级“两会”的筹备工作，大小事项不下百余项。从会场布置到材料印发，从通知下发到组织入场，从安全保卫到宣传报道，从日程安排到房间安排，从电力保障到消防安全，可谓细如毛发，碎如玻璃渣。主席台摆放的签字笔是否书写正常？什么时间给领导倒茶续水？全体大会上播放的视频是否能正常播放？座次安排有没有考虑残疾人、老年人方便进出？餐厅有没有交代是清真席？如果不写下来一条条对照，很容易漏项误事。所以，尽管只有三五天的会，要有三百多名工作人员进行服务，有些人员提前一个多月就要开始筹备。一个环节考虑不到，就会给会议整体效果造成影响。

要因需而变、因事而变。

机关的会的确有很多是相似的，例如每年的“两会”、经济会、总结会、动员会等。但尽管名字相同，具体情况却各有不同，就和写材料一样，绝不能照搬照抄去年，而要按照第一次办会的标准和要求，全力以赴进行准备。会场内容和目的是否变化，领导是否提出增减议程、会场位置是否更换、参会人员是否调整、职务是否变化、与之相对应的座次怎样调整等，都要跟着变动。这就要求我们有很强的随机应变能力，提前综合考虑各方面因素，尤其要注意到反常的、特别的事情，记在心里，随时处理。只有全面熟悉、了解会场情况，才能从容应对各种突发需求，才能躲开无处不在的大大小小的陷阱。

⊙ 其二，调研最忌“走过场”

没有调查就没有发言权，也就没有了决策依据。中央八项规定把“改进调查研究”作为第一条；每次开展主题教育活动，都要求抓实调查研究，不可谓不重视。

但不可否认，现在有的机关的调研就像井里的葫芦，从上往下看沉在水里，从下往上看浮在水面，变了味、走了样，已经像是鸡肋，在走过场的形式主义道路上越走越远。只有让调研接地气，才能让调研有效果。作为机关人员，要尽力协助领导避免调研“走过场”。

要做好选题。

出发点错了，越努力离目的地越远。有些调研确定题目像开盲盒，不看真正需要调研什么，而是乱点鸳鸯谱，看哪个简单、哪个方便就定哪个。选择什么题目进行调研，极大考验机关人员的水平。要协助领导精准确定调研题目。首要的是要围绕决策所需、群众所盼、本职所系，围绕大局、围绕民生、围绕矛盾；其次要立足“东张西望”“瞻前顾后”，看周围前后，看左邻右舍；最后要按照数量适中、体量适当，不能太大、太空、太多。

要丰富形式。

有些调研方式，听不到真实情况，掌握不了第一手资料。机关人员要多创新方式，采取蹲点驻村、微服暗访等小范围方式，而减少开座谈会、扛着摄像机、带着录音笔等这些让群众不敢说真话的方法。

要用好成果。

搞调研，绝不是一“调”了之，更重要的是研究，要有成果。现在有的调研之所以备受质疑，一方面，调研报告不管用，解决不了问题；另一方面，群众觉得讲了也没用，不如不讲。从杂乱的资料中找出问题，提出对策，是机关人员能力水平的反映。有的面对层层问题，辨不清实质，甄别不了真伪，缺乏“研”的能力；有的面对真实情况，觉得不符合上级意图，不敢写进报告；有的抓住了问题要害，却不愿意触动利益；有的用官样文章，说些大而全的废话套话，提炼不出准确、客观、有新意的观点对策。这样，当然难有好的成果，也很难为领导提供好的决策建议。

⊙ 其三，出差最忌“想不到”

出差是拉近与领导距离的最好机会，但也是对个人能力的一次集中检验。所以有人说，看一个人综合素质如何，让他跟领导出一趟差就够了。做得好，会给领导留下好印象；反之，则会暴露个人的短板和不足。

陪同领导出差，不是个力气活，也不需要多高的智商，但绝对是个精细活，能够考验你这个人是否足够周到细致、足够顾全大局，需要用心琢磨。从网上搜“跟领导出差”，立马会有一大堆“攻略”“注意事项”“20 条清单”等热心网友的无私奉献。大家可以仔细阅读，一一对照。这里我们要强调的是，跟领导出差，只有想得到、想在前，才能做得好，切记不要临时抱佛脚，一问三不知。

目的任务要想在前。

出差都是带着任务去的，绝对不是游山玩水、散心闲逛。陪领导出差，我们就成了领导的临时秘书，要同时兼任材料员、服务员、安全员的角色。要考虑好这次出差任务，是考察学习、还是参加会议，或是对接工作。明确了这一点，才能把握准领导意图，受领好出差任务。这有利于我们带好有关的材料，也有利于和对方进行对接，做到资料全面、内容完整、总结清晰。有些机关人员，经常只顾忙着当服务员，考虑生活细节，却忘了材料员的身份，造成被动。

衣食住行要想在前。

兵马未动粮草先行。出差在外，一定要细致安排好一路上的行程。在以下方面要想在前面：提前查询天气情况，以便带好衣服；是否需要带正装；每天三餐如何安排；住宿酒店是否超标；交通工具的选择、座位的选择、行李的托运；对方参加人员；等等。而且，还要做好每天温馨提示，随时告知领导接下来的日程安排。

领导脾性要想在前。

很多人纠结，以前从没有和领导近距离接触过，不知道一路上和领导聊什么，感觉说多了说少了都不太好。这时候就要提前了解领导的性格和爱好。出差在外，领导一般都会放下架子，展示出随和的一面。所以，我们也不要太过拘谨，可以找些轻松的话题和领导交谈，但要注意把握好身份。闲暇之际，如果领导有散步的习惯，可以主动征询一下领导意见，并做好安排。

学习游泳只听教练讲解，不下水亲自体验是不行的。办会、调研、出差等具体事务也是如此，只看理论书刊或听别人说教，效果一般，只有在实践中实操摸索体会，逐渐熟悉流程，技能才会提升，经验才会越来越丰富，才能成长为领导依赖的办事高手。

第五节 “怕错症”不可怕

在机关办事，我们追求的目标是：组织周密，过程顺利，结局完美，效果良好，实现零差错，最好得到领导表扬，起码领导没批评。做到这样，就可以汇报说“圆满完成各项任务”，再润色一下，就是达到了万无一失的高度。

这个高标准给机关人员带来了不小压力。机关事务烦杂，不仅人少事多，要求高，考核严，而且很多事情都很急，还涉及大领导。稍微粗心大意，就可能造成差错，即便不起眼的小纰漏，也有可能成为致命伤。有些差错，可能造成不可挽回的不良影响。

例如，对接领导乘车安排，应该乘坐 3295 牌，居然看错车牌号，把领导引导上了9235牌；大型活动现场，领导正在慷慨激昂地讲话，讲到关键处，话筒突然没了声音；接待上级视察，半个月前就开始草拟方案，还多次踩点，活动也很顺利，但在新闻稿中，把领导职务漏掉了“市委常委”，只写了“副市长”；陪同领导下乡调研，过于自信，没开导航，导致车队错过了较近的高速出口，不得不从前面的出口绕行50公里，浪费了时间，影响了正常活动；加班三个晚上完成的文稿，经过了反复校对，仔细审核，等材料印了500份装袋完毕要摆放时，才发现有一个重要数据打错了……

面对这些很难避开的差错、失误、纰漏，机关干部应该抱有怎样的心态，才能更有利于办事，更有利于个人成长？

⊙ 避免出“错”，把“错”当红灯

在外人看来，机关给人的印象是严肃、严格、严厉，甚至有些古板。领导们不苟言笑，正襟危坐，冷酷得面无表情。每个机关、单位都有法律赋予的监督管理或执法执纪的职能职责。作为一个地区、一个行业的决策指挥机构，出台一项政策会对上下左右产生全局性的影响，备受社会关注。一个简单的事情，背后都可能有复杂的利益关系和观点分歧，牵一发而动全身，处理任何问题都不能草率仓促，更不能不当回事。这是职责所在，也是行权所需。只有这样才能令行禁止，把决策决定贯彻执行下去，维护法律和上级权威。

机关内办事，不出错是前提。每份文件、每项工作、每个决定，都要把“不错”当作目标和标准，追求零差错、零失误。如果工作漏洞百出，失误频频，政策朝令夕改，不仅无法服众，工作也无法推进，哪里还有威信可言？

不过，由于业务不熟悉，态度不严谨，工作不认真，沟通不顺畅，作风不务实等种种原因，机关内工作也会出现错误、纰漏、失误。尤其是刚入职的新人，更是经常出错，有些错误还非常低级，给单位和领导造成很坏的影响，也给个人带来伤害。

不管哪种错误，不管什么理由，不管领导会不会批评，出现错误尤其是低级错误都是不应该的。要把错误看作对自己的一个警示、一次警告、一次惩戒、一个红灯，决不能不当回事，毫无波澜，依旧故我。

⊙ 不要怕“错”，把“错”当良药

没有谁永远不出错，除非这个人什么都不做，不做当然就没有犯错的机会。机关内同样如此，虽然出错很不应该，但如果尽了很大努力，错误仍然不可避免，那所能做的，就是摆正心态。

对待错误，每个人的表现大不相同。有的人视而不见，置若罔闻，下次仍然在同一个问题上出现错误，被同一块石头绊倒两次，让领导忍无可忍；有的人情绪低落，意志消沉，一蹶不振，工作没有了劲头，得过且过；有的人变得世故圆滑，总结出“干事有风险，防险不干事”的经验，产生了“多干多出错，少干少出错”的想法，开始琢磨“躺平”。

害怕出错，担心出错，说明对工作认真负责，尽心尽力，敢于担当，对自己要求严格，这当然是好事。但过犹不及，不能因为一两次失误就觉得办事风险指数太高，总是担心工作会出错，导致精神高度紧张，心惊胆战。

一项任务，耳朵听一遍、本子记一遍、回去后再核一遍，到时候还是会担心出纰漏；一个活动，连夜写方案，提前去踩点，脑海里演练，等活动正式开始还是担忧……从此变得谨小慎微、敏感多疑、缩手缩脚、畏首畏尾，甚至患了强迫症，反而没有了锐意进取、敢打敢拼的精神和干劲，暮气沉沉，这是不可取的。一位领导说：“怕错”说明有担当，“不怕错”说明有胆识，是很有道理的。

⊙ 勇敢纠“错”，把“错”当财富

吃一堑，长一智。失败是成功之母。正确对待错误的方法，就是把错误当财富，找到原因，事上练，事上磨，从而一步步成长起来，让错误成为成长的垫脚石、前进的助推器。

知错能改，善莫大焉。工作中的失误，是业务学习中极好的生动教材。上学时，我们习惯弄个错题本，把错题汇总起来，防止再犯。一些会用心的机关干部，随时把办事中自己犯过的错误记录下来，从中找到引以为鉴的经验教训。有些单位领导，把本单位工作中出现过的失误案例汇总起来，印发机关供学习经验、汲取教训。

中央办公厅秘书局主办的《秘书工作》杂志，曾以《“小纰漏”往往会成为“致命伤”》《办公厅工作失误20例》等为题，编发了办公室工作中失误的经过、反思与启示，如实记录实际工作中的失误案例或工作纰漏，让大家共同吸取教训，分析潜在原因，避免重蹈覆辙，非常有意义。

勇于否定自己，才能飞得更高。把错误当成财富，敢于找错误，善于找失误，才能推进工作。

⊙ 及时容“错”，让“错”促成长

社会学上有个“洗碗效应”：洗的碗越多，打破碗的概率就越大，为避免受到责罚，久而久之主动洗碗的人就越来越少。而且，“洗碗效应”有很强的传染性，大大影响干部办事积极性，影响正常工作开展。

一段时间以来，从中央到地方，都开始探索构建容错纠错机制，激励广大干部奋发有为。这绝不是为错误开脱和找借口，而是在科学认识工作特点的基础上，把控犯错概率，推动工作健康开展。通过容错，解决干部“不敢干事”的问题，创造宽松环境，为踏实干事的干部鼓劲撑腰，助力干部敢为、实干、快速成长。

当然，容错要按照习近平总书记强调的“三个区分开来”，即把干部在推进改革中因缺乏经验、先行先试中出现的失误和错误，同明知故犯的违纪违法行为区分开来；把上级尚未明确限制的探索性试验中的失误和错误，同上级明令禁止后依然我行我素的违纪违法行为区分开来；把为推动发展的无意过失，同为谋取私利的违纪违法行为区分开来。也就是要做到宽严有度，我们容的是工作中的小失误，出于公心、经验不足出现的错误，而不是造成重大事故的失职渎职和违纪行为，目的就是营造好的工作氛围。

本章小结

- 养成办事好习惯
  - 打好提前量
    - 机动性：时间留余地、措施有预案、工作留空间
    - 预见性：工作看得远一些，提前预判，做好准备
    - 做好统筹：明确优先顺序，分清轻重缓急
    - 思路清晰：提前设计好每个环节，致广大尽精微
  - 学会“思维越位”
    - 强化执行力：抓好工作落实，提高办事效率
    - 培养观察力：观察领导言行，领悟处事技巧
    - 加强模仿力：思路、思维，多思考、多总结
    - 提升创造力：考虑方法技巧，提出想法建议
  - 当好参谋员
    - 胆识＋意愿：随时发现问题、审视问题
    - 会献策＋不决策：帮领导分析问题、研究法律政策和趋势、帮领导找方法，最后由领导定夺
    - 速度＋深度：想在领导前头，详细了解业务和兄弟单位情况，提出高水平建议
    - 赏花＋挑刺：先肯定成绩，再提出建议，先扬后抑
    - 表达异见＋坚决服从：心态平和、顾全大局，不吹嘘不推责
  - 办好“三大件”
    - 办会：考虑周全、绷紧神经；重视细节、不厌其碎；因需而变，随机应变
    - 调研：选好调研课题、丰富调研形式、用好调研成果
    - 出差：目的任务、衣食住行、领导脾性等都要想在前
  - 克服“怕错症”
    - 不出错：熟悉业务、态度严谨、工作认真、沟通顺畅、作风务实
    - 不怕错：摆正心态、正确认识
    - 勇纠错：把错误当财富，找到原因，事上练，事上磨，推进工作
    - 善容错：宽严有度，创造宽松环境，为干事创业干部撑腰

第六章

打铁还需自身硬

第一节 远离负能量

在机关，有的人刚进入单位时意气风发、朝气蓬勃，经过十几年不断碰壁，逐渐心灰意冷、万念俱灰。

他们看来，在机关，能力不等于实力，业绩不等于成绩，自己也曾是材料高手、业务精英，也曾披星戴月、呕心沥血，但努力得不到应有的回报。

于是，他们开始奉行消极的办事理念：工作不出错、不冒尖；不顶嘴、不较真；奉行差不多就行；划清自己的职责和权限，明白自己要做什么，不做什么，做到什么程度；不追求完美，不太过于努力；把控工作节奏，不太过于勤奋；保持低调，不出风头，不要业绩……

如果以这样一副消极态度对待工作，把工作当成副业，往往一事无成。只有把工作当成事业，才能成就非凡。

日本著名企业家稻盛和夫说："人生如一场修炼，工作是最好的修炼方式。""工作现场就是最好的磨炼意志的地方，工作本身就是最好的修行，每天认真工作就能塑造高尚的人格，就能获得幸福的人生。"

在机关三四十年，每个人既在工作，又在修炼。从青年到中年到退休，从青涩到稳重到成熟，从毛躁到持重到自如，都是从工作中锻炼、修炼、磨炼出来的。我们大半生都在与工作打交道，表面是为他人做事，其实是为自己做事，生产的"产品"就是我们本人。

职场是一次长跑，一时的被动只是暂时的，只要保持积极的心态，就能做成大事。即便看到了天花板，也没有什么。想做事的人，在任何时候都能找准赛道。

至于怎样保持积极心态，可以从以下两点入手：

⊙ 一是需要定力

前面曾谈到“定力”。定力是机关工作一等一的功夫。人生是场随时变化的马拉松持久战，从开始到最后拼的永远是定力。李瀚章评价曾国藩说：“其过人之识力，在能坚持定见，不为浮议所动。”冬去一定春来，记住两个字：忍和熬。调整好心态，沉住气，像静水无波，不随物流、不为境转，任尔东西南北风，都沉得住气、稳得住神，保持职业操守和职业素养，以时间换空间。

⊙ 二是需要修炼

石不磨不圆，人不磨不坚。机关工作的人，要么谈笑自若，不怒自威，要么气定神闲，宠辱不惊。从仪态到表情、从言语到肢体，似乎都有气场或者磁场。我们需要修炼的，就是这种气场。无论职位高低，都要修炼管住嘴、稳住腿、守住心、沉住气的功夫，在事上磨，在事上练，在事上见，“每临大事有静气”，得意时不忘形，失意时不失色，时刻管理好自己的情绪。

第二节 塑造好形象，让人赏心悦目

作家毛姆说：“形象一定要走在能力前面，否则，你的能力很容易被低估。”

是的，没有人有义务透过你邋遢的外表去发现你优秀的内在。

机关内人员作为公职人员，其形象不仅代表个人，更代表单位形象、组织形象。应该以什么样的形象出现在群众面前、出现在领导面前，绝对不是一件简单的事情。

考察干部有个谈话程序，组织部门会让被谈话人对某个干部作出立体、客观的评价。这时候，首先映在谈话人的脑中的，就是你的外在形象，再回忆些平常的工作情况，这个人的优点长处、缺点不足就基本成形了。

外在形象，是呈现一个人外貌、素养而给人的整体印象。这个印象，是领导和同事对你的认识，也是对你的评定，更是对你的期望。

前面我们专门谈到要打造好自己的人设。形象和人设你中有我，我中有你。人设是内在的做事风格、能力品质；形象是外在的第一印象，更侧重于仪表风度、礼仪谈吐、仪容着装。提升外在形象，可以更好地打造自己的人设；打造好人设，自然腹有诗书气自华，可以投射到外在形象中。两者互相作用、相辅相成，同等重要。

爱美之心人皆有之。良好的外在形象，能让人赏心悦目，更能给自己增分添彩。对仪容整洁、举止有度、彬彬有礼的人，每个人都不会厌恶，领导也会心生好感。塑造出好的形象，我们的办事之路就会顺畅很多，人际关系也会顺畅很多。不好协调的事情，更容易协调下来；不好处理的事情，也变得非常顺畅。

“人靠衣服马靠鞍，一看长相二看穿。”在所有影响外在形象的因素中，如着装仪容、仪表仪态、言行举止、礼仪规范等，仪容着装最容易给人留下深刻的第一印象。可惜不少人在这方面不够重视，做得不够好。

电视剧《人民的名义》中，身为公安厅长的祁同伟摸爬滚打，谙熟各种明暗规则，他的深刻体会是：“穿衣这件事儿，做好了不一定加分，做不好一定减分。”

现在机关人员有的衣着过于花哨，招摇张扬；有的着装过于随意率性，穿着人字拖，戴着墨镜，手摇蒲扇在办公室内上班。这些都偏离了公务员应有的仪表形象，很容易造成负面影响。

这两年，夹克、衬衫、西裤老三样，被冠以“厅局风穿搭”，一下子火了起来。电视剧中，从省委书记到领导秘书，从乡镇长到办事员，基本上都是这种穿搭。

很多人看来，“厅局风”代表沉稳、可靠、安全感。但如果从上到下，从省长到科员，进了机关大楼全是清一色，又感觉过于单调。

那么，什么才是机关内最安全稳妥又能体现个人特色的穿搭？

化繁为简。

公务员是人民公仆，衣装设计要简单，颜色要简单，饰品要简单，那些过于浮夸、清凉、艳丽的衣装，是很难得到领导和群众认可的。

很多人知道着装有个 TOP 原则：T 是 Time，代表时间、时令；O 是 Object，代表目的、对象；P 是 Place，代表地点、场合、职位。TOP 原则是世界通行的着装基本原则。掌握了这一原则，就基本不会在外饰上失分。

据此，有人总结出机关内穿衣 12 字方针：低调、内敛，庄重、端正，沉稳、大方。看似有些空洞、晦涩，其实只要把握住两个字就可以万事无虞。

这两个字就是：合体。

所谓合体，主要是指做到以下几点：

⊙ 一是要合乎身份

现代机关，不像古代层级那么严苛，科级、处级干部穿“厅局风”也是可以接受的，但有更大的领导在时，还是要注重和领导区别开。领导穿便装，你就不要西装革履；领导衣服颜色深，你可以稍浅一些。在市以上机关，可以穿得正式一些，让领导感受到你的认真严谨；在街道、乡镇基层单位，时不时要进行体力劳动，休闲服甚至运动服有时候更能让领导觉得你干劲十足。

⊙ 二是要合乎场景

机关工作场景很多，在办公室处理事务、迎接视察、下乡调研、参加宴请、群体活动等，场合不同，着装应有所不同。虽然机关没有“星期五便装日”，但除非参加大型会议、重要活动，一般不用扎领带，既不便于工作，也会让领导觉得过于呆板教条。

⊙ 三是要合乎年龄段

入职 3—8 年的新人，相对来说有一定的着装自由，可以穿有青春元素的衬衫，色彩可以多一些，但不能带有学生的稚嫩感，也不能太成熟。入职 8—20 年的人，穿着和配饰可以逐渐脱离青春气息，有一定的成熟度和职业感，干练不拖沓，但不能显得老气横秋；工作 20 年以上的人，则可以驾驭“厅局风”，但要讲究廉洁质朴，不要浑身上下各种大牌的标签，装饰不能太夸张。

第三节　让饭局成为办事润滑剂

在机关，必要的饭局是工作内容，也是办事方式，更是人情世故，所以一直是一个不可避开的话题。

不少人尤其是新人其实并不喜欢饭局应酬。原因很多：有的性格内向，不愿社交，喜欢独处；有的不善言谈，不擅长酒场技巧、话术，常常冷场；有的在意个人空间，不想把时间浪费在这种社交应酬上，更愿意留出时间享受自己的生活；有的则认为饭局逢场作戏，虚情假意，言不由衷，弄得身累心累。

但不得不说，在机关，适当参加饭局是非常必要的。

⊙ 饭局可以获得信息

得信息者得天下。任何时候，信息差都是最核心的差距。先掌握信息就掌握了优势、把握了先机。饭局中，各种各样的信息互相交流碰撞，各取所需。

⊙ 饭局可以增长见识

有人说，一个好的饭局就像是读一本书，每个人的人生经历、阅历、见闻、感悟都会在这里展示出来。你可以从中学习到领导和同事的处世之道、思想观点、办事方法。只要细细观察，你能在饭局上听到一些没悟透的识见，懂得一些没懂的道理。这比起个人闷头看书，效果可是强了一万倍。每场饭局，都是一次学习的机会。参加多了，领导的处事方式也会影响你，自己的眼界、格局也会打开。

⊙ 饭局可以展示自己

通过工作，固然能展示自己的工作能力水平，但饭局上的表现，更能展现待人处事能力。一场饭局对一个人的考验，绝对不下于一场面试。饭局可以宣介自己的优点长处，也可以不经意间展示自己的品行、眼力见儿，从而给领导留下深刻的印象。

⊙ 饭局可以拉近感情

饭局的基本功能之一，就是拉近感情。这是升温感情最简便也是最好用的方式。工作场合，往往都是点头之交，很少有很深的情感交流。而通过饭局，大家说些办公室不方便交流的心里话，感情会很快升温，让公事公办的普通关系变得熟络，从而扩大自己的人脉和朋友圈。

饭局还可以化解矛盾，消除误会。工作中难免有做得不到位或者出格的地方，通过饭局表达歉意，让人感受到尊敬，一些不快就会烟消云散，大家自然会重归于好。

饭局的其他功用还有很多。无论工作内外，充分用好饭局的红利，是每个人的必修课。

中国式饭局博大精深，涉及礼仪礼节、人情世故、规矩习俗，从约局到入座，从点菜到敬酒，从话术到气氛，里面的道理既多又深。新人们很可能觉得云里雾里，手足无措。

机关内的饭局，与社会上的普通聚餐、宴请有很多不同，需要格外留意。有人总结了机关内饭局的“14 条军规”：

1. 一定弄清楚饭局的目的。

2. 给饭局分分档：必须参加、可以参加、不能参加。违反纪律的一定不要去。

3. 一定给自己定位，是主角还是配角，弄清自己在饭局上的作用。

4. 提前做功课，了解领导的用餐习惯和喜好。

5. 少说，多听，多看，多微笑，多用心。

6. 一定要讲究座次，不要坐错位置。

7. 看清楚谁是地位最高的人。

8. 要有眼力见儿，要讲程序。

9. 掌握基本礼仪，准确把握分寸。

10. 态度要真诚。

11. 不谈敏感话题。

12. 不劝酒斗酒，不过度饮酒。

13. 吃什么不重要，说什么才重要，不能一言不发。

14. 维护和谐氛围，避免酒桌争论。

总之，机关饭局作为一种沟通、交流手段，在所难免。我们既不能有抵触情绪和心理障碍，杜绝一切饭局，也要看到，饭局只是办事的润滑剂，不能解决所有问题，更不是解决问题的唯一方式，最重要的还是提升自己的实力，把事情办成办好。

第四节 整洁有序是面子，更是里子

与可靠、博学、用心、务实等这些办事的关键要素相比，办公环境“整洁有序”似乎属于细枝末节，不那么重要，我们为什么专门拿出来说呢？

每天整理办公桌，经常使用的物品放在顺手的地方，不常用的东西收拾起来，让办公桌整洁有序，似乎是一件极小的事。但这个小事的威力可真不小。

你以为很简单的“整洁有序”，在一些人那里，却是难如登天。

有些人的办公桌大半年甚至三五年都不整理，各种物品横七竖八，文件堆成小山，电脑、电话、日历、水杯、笔筒等相互排挤，纸张四处散落，过期的杂志报纸掺杂其间，桌面落满了灰尘，抽屉里更是塞得满满当当。想找到某个文件，把桌上资料翻来覆去好几遍，那边领导等得心焦，这边满头大汗；随手在纸头上写下的一个电话号码，转眼怎么也翻找不到。领回一盒笔，过不几天就发现又无笔可用。彻底清理一次，过不半月就会恢复老样子。

有人说，我不在乎别人怎么看，桌面乱不乱有什么要紧的，只要能办好自己的事、按时完成工作不就行了吗？

还有人说，科学研究发现，桌面越乱的人，创造力越强，会有灵感出现，我要靠凌乱的桌面激发灵感。

也有人说，就跟叠被子一样，既然反正会乱，那就让它乱。整理它花费的时间，用来做其他的事情，不是更好吗？

更有人说，从来没有单位把桌面是否整洁作为年终考核或绩效项目，整理桌面就是无效劳动，我要把注意力集中在那些跟考核有关的地方。

可以看出，这些人对“整洁有序”的误解有多深。

其实相比于办事的其他要素，“整洁有序”的重要性有过之而无不及。

我们知道，工作环境会影响工作效率和心思情绪。看到整洁有序的办公桌，可以让人更加专注地工作，提高效率，能给领导留下好的印象。

办公桌是每个人思维、习惯、性格、修养的外化。在领导看来，如果一个人的办公桌整洁干净，那他基本会有以下优点：

⊙ 第一，这样的人做事有规划，忙而不乱

能够坚持整理办公桌，物品摆放有板有眼，井井有条，这样的人做起事来肯定有条不紊，条理清晰。他们很有规律，能合理安排工作顺序，掌握好工作节奏，不乱、不抢、不拖，按部就班把事情办完。而且，能分清轻重缓急，该做什么事情，总会在事先拟订计划，而不会漫无目标地办事，也不会毫无准备，措手不及。

⊙ 第二，这样的人做事很严谨，温而不躁

有人把办公桌比喻成一个港湾、一个码头，认为它是我们工作中相处时间最长的地方，是心灵的守望者与停泊地。主人在这里起航，在这里休憩，在这里奋斗。让自己的“码头”保持整洁有序，代表主人对工作、对生活的热爱。有这种虔诚的仪式感，这样的人肯定严谨认真、踏实积极，沉着冷静，很少急躁焦虑，善于仔细分析问题，努力寻求最佳解决办法。

⊙ 第三，这样的人做事效率高，细而不繁

杂乱的工作环境，往往都是自己一手造成的。各种资料和废纸夹在一起，让人头大，举手之劳都不愿去做，办事也利索不到哪里去。保持办公桌整洁有序的人，一定能想领导之所想，思领导之所思，紧跟领导思路，为领导提供干脆利索、细致入微的服务。而且，他们思维敏锐，即便在复杂的情况下，也能够很快找出头绪并把它处理好。

可见，看一个人会不会办事，能不能把事情办完美，办公桌是个很好的观察缩影。试想一下，如果领导看到一张办公桌上的文件资料散乱得到处都是，会留下什么印象？即便平常对你的印象还不错，但凌乱的办公桌一下把你打回原形。领导认为你一定是工作起来毫无头绪的“毛糙鬼”，工作效率会高到哪里去呢？

不到两平方米的办公桌，足可以看出主人的个性与性情。就像一个人的着装可以代表他的生活状态和生活态度一样，一个人的办公桌则代表他的工作形象。作为机关内有上进心的人，我们要让办公桌为个人的形象代言。

至于具体怎么做，网上有很多办公桌整理技巧，可以去搜几篇来看看。这里只谈机关内整理办公桌要注意的几点：

⊙ 一是划分好区域

办公桌区域一般分 3 块：桌面、桌子下方和抽屉柜。桌面主要负责收纳每天或每周常用的物品，代表主人形象，也是重点整理对象。桌面上摆的，可以是资料、杂志，但最好不要把红头文件较长时间放在桌面上。涉密的文件一定要放在抽屉里，用后及时归还。

⊙ 二是把握整理原则

常用的才放桌上，不常用的收起来，更不常用的就要考虑处理掉，这是办公桌面整理收纳的重点。文件资料太多，要勇于“断舍离”。哪些是以后常用的重要资料，哪些是待办文件，哪些是保密文件，哪些是自己的起草稿，哪些是领导签批件，哪些是一稿、二稿、三稿等，要细致分清。

⊙ 三是养成复位习惯

这是避免找不到文件的最好办法，依习惯摆放，使用后归位。无论文件材料还是电话、笔等常用物品，都可以依使用习惯固定放在自己熟悉的位置，并在使用后放回原位。

⊙ 四是用好下班前 5 分钟

养成每天下班前收拾桌面的习惯。只需要三五分钟时间，将桌子收拾好再回家。既避免重要文件丢失、泄密，又将所有东西归位，让紧张一天的心情放松，像给自己举行了一场下班仪式，能让我们在第二天回到整洁的办公桌，更容易以全新的状态投入工作中。

⊙ 五是 3 个月一次大清理

机关内积存最快、最多的就是文件纸张资料等。既要每天收拾，也要遵守“3 个月原则”。任何在办公桌上放了 3 个月而没有使用的东西，就该毫不犹豫地处理掉。

整理办公桌的过程，实际上是整理思路的过程，也是调整心情的过程。所以，不管有多么忙，也要把办公桌收拾干净。养成保持办公桌整洁有序的好习惯，才能让你有更多的机会。

第五节 职场哪些红线不能碰？

有句话这样说道："不打勤，不打懒，专打不长眼。"意思是讲，在机关工作，最重要的不是你勤奋还是懒惰，而是你有没有碰上了"高压线"？

机关工作在人们眼里，有两种比较极端的印象。有的人看来，机关工作特轻松，整天就是一张报纸、一杯茶，接接电话，开个会，写个文，没什么难度，也不需要多高的学问。另一些人则把机关工作看得很神秘，好像公务员们都是心机高手，每一句话、每一件事都是为了争权夺利。

其实这两种观点都失之偏颇。首先，机关工作只是一份普通的工作，每天有很多具体的工作任务，大家团结协作，共同维护机关及社会的正常运转。同时，机关工作与其他行业也有很多的不同，因而也有一些特别的要求。对机关外的人来讲，许多以为无关紧要的小事，机关内可能就是不可忽视、决定成败的大事。

那么，在机关工作，哪些"高压线"不能碰触呢？

⊙ 一是政治上的高压线

讲政治是机关工作的根本要求，是机关人员最基本的素质。与在其他的企业工作或者从事自由职业相比，这是机关工作的一个最鲜明特征。

由于机关工作代表着党和政府形象，必须时刻绷紧政治意识，增强政治敏锐性，否则很容易因为个人言行而影响国家形象，损害国家利益，也会对个人形象与发展带来不良影响。

在日常工作和生活中，远离政治上的高压线要注意以下三个方面：一是坚定政治立场、忠于党和人民，不发表与党的路线方针政策相违背的言论，不能妄议中央大政方针；二是遵守政治纪律，保守国家秘密，不能利用职权或职务之便为个人或亲友谋取私利；三是维护国家荣誉和利益，遵守法律法规。

⊙ 二是品德上的高压线

机关工作代表党和政府形象，机关人员肩负的责任和使命不同于其他职业，需要在品德修行上有更高标准。

做一名新时代的机关干部，必须首先从品德建设抓起，夯实这个品德基础，以实际行动践行以德修身、以德立威、以德服众的要求。

远离品德上的高压线，关键要培养和树立高尚的品德情操，切实遵守社会公德、职业道德、家庭美德等方面的品德规范。一是树立正确的世界观、人生观、价值观，坚守道德底线；二是诚信践诺，不撒谎、不作弊、不欺骗；三是严格遵守公序良俗和文明礼仪规范，不做有损单位形象和社会公信力的事情。

⊙ 三是工作上的高压线

有经验的机关干部都知道，机关是最讲规矩的地方，最讲职责的地方，最讲责任的地方。机关工作的性质，决定了必须严谨、细致、规范，遵守各项工作纪律和工作规定。

在机关工作，每个单位、每个岗位都有不同的规定和要求。如果做得不到位，该做的没去做，可能有被认定为不作为的风险；做得过了界，不该做的去做了，则有被认定为越权、越位、乱作为的风险。一旦出现这样的问题，不管你工作取得多么大的成绩，成长的道路都会受到影响。

远离工作上的高压线，应该强化工作纪律观念和规矩意识：其一是认真履行工作程序和要求，按时保质完成工作任务，不懒散拖沓，不越位、不缺位、不错位；其二是严格遵守工作纪律，遵守考勤制度，不擅自离岗或者旷工；其三是严格遵守保密工作规定，不泄露单位机密和涉密信息；其四是不弄虚作假，欺上瞒下，搞形式主义、花架子等。

⊙ 四是廉政上的高压线

在机关内，工作人员必须严格遵守廉洁自律规定，自觉接受来自人民群众的监督。

当前有些不法人员受利益驱动，极尽拉拢手段，对机关人员“围追堵截”，机关人员尤其需要坚定意志，保持警惕，防止被“围猎”，不要被“糖衣炮弹”所俘虏。

远离廉政上的高压线，具体来说，要严格遵守中央八项规定精神，坚决防止“四风”问题，不大操大办婚丧喜庆事宜，不公款吃喝旅游，不公款送礼等。同时，严格遵守经费管理各项规定，不挪用公款，不违规使用公务用车等，坚决抵制各种形式的商业贿赂行为。

本章小结

- 打铁还需自身硬
  - 保持积极心态
    - 保持定力：“忍”和“熬”，调整心态，沉住气，稳住神，保持职业操守和素养
    - 勤于修炼：修炼管住嘴、稳住腿、守住心、沉住气的功夫，驾驭“每临大事有静气”的情绪
  - 塑造良好形象
    - 机关人员形象不仅代表个人，更代表单位形象、组织形象
    - 提升外在形象与打造好人设相辅相成
    - 合体是关键
      - 合乎身份：与领导区别开；市以上：正式；街道、乡镇：休闲、运动
      - 合乎场景：不同工作场景，着装应有不同
      - 合乎年龄：3—8 年：青春元素；8—20 年：成熟度和职业感；20 年以上：廉洁质朴
  - 用好饭局“润滑剂”
    - 通过饭局，了解各种信息、增长见识、展示自己、拉近感情、化解矛盾
    - 饭局做到“14 条军规”
    - 用好饭局“润滑剂”，既不抵触，也不过分依赖其解决问题
  - 保持整洁有序
    - 办公桌是每个人思维、习惯、性格的外化
    - 保持工作环境整洁有序，是短时间给领导留下好印象的最佳方式
    - 如何整理：分好区域、用完归位、定时清理

PART

进阶篇

第七章

向上社交：密切“联系”领导

第一节 领导是最好的老师

孔子说："三人行，必有我师焉。"这句经典名言告诉我们，要始终以谦逊、学习的态度面对身边的每一个人。在任何时候，都可能会有某一个人成为我们的老师，带给我们一些可贵的教益。

初入机关，年轻人尤其要牢记，"转益多师是汝师"，尽可能多地向身边的领导和同事学习。机关工作中，大部分工作时间与领导一起度过，很多工作任务一起完成，关系最紧密、情况最熟悉、指导最直接的就是你的领导。领导在工作指导方面具有任何人都无法替代的身临其境、深入其中的优势。无论是"面对面"教你方法，还是"手把手"带你做事，或者言传身教，领导都是你绕不过去的第一个关口。年轻人要全面提升能力素质，更快更好地适应和融入机关工作，早日实现善办事、办成事、不误事的目标要求，向领导学习无疑是最直接、最有效的一条捷径。

这一过程中，大家要避免陷入一个认识上的误区：向领导学习就是投领导所好。如果从这个角度出发考虑问题，就偏离了向领导学习的意义，最终效果可想而知。

向领导学习，不是因为他的领导身份，而是因为他一定会有一些值得你学习的长处。他们有的工作站位更高，有的责任心更强，有的对工作付出更多，有的长于团结凝聚队伍，有的热爱学习钻研业务……这些都值得年轻人认真深入地思考与学习。

如果能随时随地向领导学习，感受他们身上的优秀品质，借鉴他们长期积累的经验和教训，并将之化作你成功路上的宝贵财富，那么你做事会更尽心尽力，像他们一样思考，像他们一样行动。

小赵是一位典型的“三门干部”，从家门到校门，大学毕业后进了机关门，实践经验不足成为成长进步道路上的“拦路虎”。为了尽快提升能力素质，小赵在坚持向实践学、向群众学的同时，特别注重观摩学习领导的工作经验和方式方法，从观念、知识、修养、为人、处事等方面主动接受领导的熏陶，按照领导的标准要求自己，向领导看齐。短短几年时间，小赵各个方面都进步很快，整体素质和办事能力得到领导、同事和基层群众的肯定和赞扬，已成长为单位“挑大梁”的业务骨干，个人职位顺理成章地得到了晋升。

一个好的领导会让你受益无穷，但要知道，我们不能挑选领导，只能适应领导，发现领导的长处和优点。千万不能觉得某个领导和自己不搭就反感领导，甚至远离领导。每个领导都有自己独特的个人风格，带来的启示和教益也各不相同。有的领导雷厉风行，有的领导润物无声，有的领导恢弘大气，有的领导细致入微，他们的领导风格受到个人性格、成长经历、文化程度等多种因素的影响，是由对工作的长期热情、对下级的高度责任感以及对事情的精准判断力凝结而来。

那么，作为刚参加工作的年轻人，最应该向领导学习什么呢？

⊙ 首先是学格局

大境界才能有大胸怀，大格局才能有大作为。做人如此，做一名优秀的机关工作人员更是如此。格局是最值得学也是最难学的东西。格局是人生态度，一种豁达的人生境界。“不谋万世者，不足谋一时；不谋全局者，不足谋一域。”真正有格局的人才能在事业上走得更高、更远。格局小的人只会看重自己的“一亩三分地”，容易固守小的利益藩篱，患得患失，很难有大作为，更成不了大事业。

好的领导者往往是有大格局的，否则即使在本领域或本地区已经成为“一把手”，其实也更多是运气使然了，很难有事业的发展。年轻人向领导学习，首要的是学习领导的格局，跳出“小我”，打开心胸，善于从长远和全局审视当下、突破困局。

⊙ 其次是学处事

小说《红楼梦》中宁国府有一副对联：“世事洞明皆学问，人情练达即文章。”上联的意思是说，如果把世间的事情弄明白了，处处都有学问在。

领导之所以能成为领导，就是在工作中善于办事，善于维护、协调、处理左右纵横、错综复杂的关系。各方面关系理顺了，工作才能得以顺利开展，才有可能出彩。年轻人要快速成长为一名优秀的机关人员，如何为人处事，处理好纷繁复杂的社会关系，无疑是向领导学习的一个很重要的方面。

能不能妥善处理好与方方面面的关系，考验新进人员的智商情商。在机关工作，左右逢源、各方都不得罪，即使很有经验的领导也是很难做到的。有水平的领导，往往都有很强的处事能力，对上级服从而不盲从，尊重而不奉承，请示而不推诿；对下属信任又重任，爱护又庇护，批评又鼓励。有这样的领导，更上一级的领导离不开，下属也肯支持。

⊙ 最后是学方法

机关工作中，领导往往经历的事情多，阅历丰富，业务更精通，对法律法规和政策规定的领会更深刻，研究解决工作中的困难和堵点也更有方法和经验。作为年轻人，既要保持一股子“初生牛犊不怕虎”的冲劲和闯劲，也要注意学习借鉴领导的工作经验和方式方法，特别是要学习领导对待工作的认真态度。

比如，一篇稿子，你觉得已经写清楚了，但到了领导手里可能会改得面目全非，甚至一个字、一个标点都要反复推敲打磨，直到最后改无可改，精准得让你感叹领导水平之高、文字之奇妙。我们要学习体会他们认认真真、精益求精的工作态度和负责精神，学习体会他们严谨细致的处事方式和高超的文字水平，并以这种态度和精神要求自己，传承和发扬到自己的工作之中。

第二节 怎样与领导沟通

所谓沟通，是指把某一信息传递给对方，以期对方做出预期中回应的整个过程。在机关，与领导沟通是我们的日常工作，也是需要认真研究的必修课。

按照德国当代哲学家尤尔根·哈贝马斯提出的沟通有效性理论，要形成共识，必须有“理想沟通情境”和“沟通有效性”两个前提。其中沟通有效性包括可领会性、真实性、真诚性、行为规范正确性。在职场，有效沟通有五个重要的要素：相互信任、提前了解、信息明确、反馈互通、换位思考。

与领导沟通时，要注意以下几个方面的沟通技巧：

⊙ 一是换位思考，多向领导提供选择题而不是问答题

有些人在跟领导汇报工作的时候，特别容易犯的错误就是给领导出一道问答题，也就是直接问领导答案或解决办法。例如：“刘处长，您看这件事怎么处理？”“张主任，我们该怎么答复他们？”“李科长，您定个调

子吧。”……

这也许是因为自己的经验或知识的确有限，是真心不知道怎么办，才去问领导；也许是感觉领导有经验、办法多，就算自己花了时间精力也不一定让领导满意，还不如直接问领导更方便。但这样做，只能给领导留下不成熟、能力欠佳的印象。

给领导出选择题则与此不同，它是在你提出问题的同时，给出几种建议或方案，以及每种方案的优劣势，最后阐述自己认为合理的建议和相应的理由，以备领导选择和决定。例如：“刘处长，五四青年节到了，我们团委想组织一次单位活动，考虑了两个方案，您看是否合适？”“张主任，这个活动，我们考虑了三个步骤，一是……，二是……，三是……，请您看下是否妥当？”

大多数领导不喜欢做问答题，更愿意做选择题，愿意听下级有分析、有思考、有建议的汇报。因为他把任务交给你，就是要让你做好基础调研工作（问答题），而他则把精力放在如何有效做决策（选择题）上。换位思考，如果你处在领导的位置上，你会喜欢一个提不出什么方案，只会问自己怎么办的下级吗？是不是也希望下级可以拿出几套方案，并进行充分的比较和分析，供你选择决策呢？

另外，提供选择题而不是简单地提出问答题，从个人锻炼和成长的角度来看也是有利的。我们提出各种建议选项、进行分析比较的过程，就是一个很好的问题研究和深入思考的过程，可以使自己在实践中得到锻炼，解决问题的能力得到提升。

⊙ 二是突出重点，合理设定沟通的重点内容和表达逻辑

领导的时间都很宝贵，一般没有时间和耐心听你长篇大论，所以要提前想好交流的目的和核心要点，并将重要的事项放在最前面说。

领导对那些说话啰唆、没有重点，语焉不详、东拉西扯的人，心里其实是烦得不得了，即使那种愿意为下级留面子的好脾气领导，表面上能忍住，也会在心里留下不好的印象，认为你提炼概括能力有待提升。

所以在去找领导沟通前，一定要把沟通的重点内容梳理清楚，找出重点，理出次序。如下的对话就是在这方面做得比较好的例子：

“领导，今天有三件事向您汇报，都是最近需要您决策的事情，事关我们下一步工作重点和努力方向。第一件事是……；第二件事是……；第三件事是……”

这样做一方面便于领导提前知情和预判此次谈话涉及的内容，另一方面可以帮助汇报人整理思路，理清层次，不然很容易失去汇报的焦点，一件事没说清楚，又马上切入另一个话题。

⊙ 三是结论先行，随后再行具体的论证和说明

我们在日常交谈中，通常喜欢将事情的来龙去脉先说清楚，然后才给出结论。但是这其实并不适合对领导的汇报。

最主要的原因还是领导的时间都很宝贵，事情太多，一般没有足够时间听你细说。当你沉浸在自己一步一步描述细节的时候，领导心里却只是在关心一个事情：“你到底想说什么？”“你表达的重点在哪里？”

在汇报中，我们需要先给出结论，让领导知道你的态度和想法，然后他才有可能带着问题去听下一步关于细节的具体说明和论述。

如果不是这样，遇到脾气好的领导还好，他其实真的是在耐着性子听你说；而没耐心的领导会马上打断你，质问你的结论是什么，让你非常尴尬，甚至会因思路被打乱而逻辑混乱、前言不搭后语。

⊙ 四是提前演练，做好应对问题的各项准备

我有个朋友，平时不是善于表达的人，遇到重要的工作汇报时感觉底

气不足，喜欢拉上我帮他把关，给他提意见。

他对自己的语速、表情、用语都颇为用心，慢慢地从一开始有点紧张、不自然，过渡到大方得体，充满自信。因而，在与领导的沟通中总能得到领导的肯定，工作起来更加顺畅，个人也得到很好的成长。

做好提前演练，首先，一定要事先针对汇报内容做模拟练习，从把控时间、汇报语言、逻辑框架等几个方面准备，做到熟练掌握、烂熟于心。最好是能够提前把汇报的要点写在纸面上，边演练边反复修改，这些都能帮助我们在汇报过程中完美表现。

其次，除了准备汇报内容外，还要针对容易被问到的问题进行精心准备，尤其针对一些数据来源和结论的推导。这样会显得你做事非常认真严谨。

⊙ 五是辨证施策，精心选择合理的表达方式

与领导沟通，既不能当好好先生，也不能过于直接、不走大脑。

有人说，领导毕竟是上级，我们什么都点头，什么都听他的不就完了？可是，如果真的这么做了，一味表态听领导的，个人意见什么也不说，领导是不会满意的，觉得你水平不行，是不作为、不负责。不听不行，听也不行，到底听还是不听？

首先我们要肯定，这种对领导尊重的态度是对的。

另外，从领导的角度看，他喜欢被尊重、被认可，也希望能够听到下属对问题的真正想法和意见，希望下属能够帮助他减少麻烦、解决问题。

仅凭一张会说好话的嘴，而没有任何实际办法和行动，不仅对领导没有任何帮助，甚至会误事、是有害的。

所以好的表达方式，会帮你达到意想不到的沟通效果。

举一个耳熟能详的例子。曾国藩的部下李次青本来是一介书生，根本不懂得怎样领兵作战，每打一次仗便败一次。曾国藩很生气，准备写奏折弹劾他，在奏折上有“屡战屡败”一语。后来曾国藩的幕僚中有人为李次

青求情，把“屡战屡败”改为“屡败屡战”，李次青因此才被免罪。两个词语虽然只是一字颠倒，意思却变得大为不同。前者让人感觉是颓唐、无力、无能的，后者则表现出了愈挫愈勇、勇猛精进、决不放弃的精气神，无疑是非常振奋人心的。

六是因人而异，有针对性地与人沟通

有这样一个沟通的经典故事：

一个秀才去市场上买柴，向卖柴的人喊道：“荷薪者过来。”

卖柴的人不懂是什么意思，听到“过来”，就担着柴火到了秀才面前。

秀才问：“其价几何？”

卖柴的人听到“价”字，就说了价钱。

秀才又说：“外实而内虚，烟多而焰少，请损之。”

卖柴的人这回彻底听不懂了，不明白秀才说的是什么，很不高兴地挑着柴火离开了。

后来这个秀才当上了官，到乡下视察民情，又闹了笑话。

他问老农：“近来黎庶如何？”

目不识丁的老农哪里懂得“黎庶”是什么意思，还以为在问梨树呢，回答说：“今年梨树好，只是虫子吃了些。”

这个故事讽刺不懂沟通的酸秀才，说话不看对象，面对没有读过什么书的卖柴人、老农民，却非要咬文嚼字，最后连柴火都买不到，视察民情也一无所获。

俗话说：“入乡随俗”“到什么山上唱什么歌”。在工作中，你会遇到形形色色、各有特点的领导，有头脑冷静的，也有性情热忱的；有谦和低调的，也有傲慢高调的；有豪爽大度的，也有深沉难处的；有干脆利落的，也有优柔寡断的……面对不同的领导，应该有针对性地选择不同的相处和沟通之道。这样，你才能与领导合拍，实现有效沟通。

第三节 向领导汇报永远不嫌多

有人觉得，与领导沟通讲究这么多，这么麻烦，那么我们干脆绕着领导走，尽可能少沟通、少汇报，行不行？

不行。

在机关，领导是你离不了的存在，绕不过去的关口。重要的事情需要上级支持，你离不了他；有的事情需要领导出面协调，你离不了他；你的工作需要考核评定，你离不了他；你的绩效需要考核，职位需要晋升，你离不了他。

离不了怎么办？那就得克服怵头心理和畏难情绪，学会向领导多汇报。

单位有两个同事，年轻时一起进入机关，两人学历层次相当，能力都比较强。一个总是闷声干事，不懂得汇报，可能他觉得都是平常琐事，不值得领导关注，也可能觉得总围着领导汇报，有奉承之嫌；工作做了不少，力气下了一堆，但很少向领导进行汇报，结果领导也不知道他做了多少事情。

另一个则反之，经常向领导汇报工作情况。即使一些看似平淡无奇的日常工作，也总能找到领导感兴趣的地方，结果领导对他的表现十分关注，在很多场合经常提到并表扬他所负责的工作，他的形象逐步树立起来。加之他的作风同样比较扎实，能力素质也不差，有了领导和同事的关注，很快就在单位成长起来。

几年过去，他们一个仍在原地打转，一个已经成为很得领导器重的中层干部。其中很重要的一个原因，就是在主动与领导沟通的意识上存在差距。善于与领导沟通、自觉主动地向领导汇报，更容易进入领导的视野，受到领导的关注，为个人发展创造好的外部环境。

由此可见，经常向领导汇报是多么重要！

卡耐基曾经说：“现在的成功人士，有80%以上是靠沟通力打天下的。”

管理学大师彼得·德鲁克也说过：“你的效能取决于你通过语言和文字与他人交流的能力。”

既然沟通这么重要，我们就没有理由不重视起来，要尽可能多地向领导汇报。那么，如何才能让领导知道你干了很多工作？

⊙ 一是容易的事情要快汇报

“干活不由东，累死也无功。”打个不算恰当的比方，领导就像你在机关里的东家，领导交办的事情要快办、办好，否则跑断了腿也是白费劲，得不到应有的功劳。对领导安排的工作任务，如果能够很容易办理的，要及时快速进行反馈。比如，领导让你给别的领导送个材料，收个东西，这些看上去容易的事情，千万不要觉得过于简单就不汇报。

领导需要的是凡事有交代，事事有回应。领导安排的事情第一时间办理、第一时间反馈，可以让领导感受到被尊重、有权威，也让领导对工作放心、对你放心。

⊙ 二是复杂的事情要勤汇报

有的工作比较复杂，需要的环节和协调的部门较多，办理周期也会比较长，对这类事情你不要等到彻底完成再向领导汇报。否则，等你好不容易和各个相关方面协调好，把任务拿下来了，结果在领导心里却得不到应有的评价，反而认为这么简单的事情居然花了一个星期，要么没重视起来，要么效率太低。

其实，有些大的事情你做完以后再给领导说过程、讲辛苦，领导根本没时间去听。复杂、周期长的工作，在过程中要随时给领导汇报阶段性的进展，让领导知道你在努力推进。

⊙ 三是有难度的事情要巧汇报

在工作中，我们也往往会遇到一些难度较大的事情，如果只是凭借自己的力量，确实无法有效解决，需要领导提供支援和帮助，遇到这样的事情怎么办？

遇到这样的事情，你一定要巧妙处理，不能简单地把问题推给领导，而是要先把问题研究透彻，提出若干个解决问题的建议方案，并进行优劣的比较，让领导决策。这样一来，领导就会知道你在积极解决事情，如果你的建议方案被领导采纳，你个人的能力自然会得到领导的认可。

此外，在向领导汇报一些有难度、不易办的事情之前，一定要选择合适的汇报时机，提前了解和观察领导的情绪状态，避免沟通效果被不良的情绪所影响。

有的研究者认为，两个人的沟通，70% 是情绪，30% 是内容。在沟通过程中，如果参与者的情绪不对，沟通的内容就会被扭曲。没有良好的情绪，说得再多也只是发泄。很多时候，让事情变得糟糕的，并不是事情本身，而是看待问题的心态，以及处理方式。

领导与普通人一样，情绪有时会高涨或低沉，愉悦或烦闷。事实上，很多领导在处理事务时，是难以完全避免受个人情绪影响的。当领导情绪不佳时，即使你的工作再出色，汇报再完美，也未必取得好的效果。而当领导心情轻松愉快之时，即使你的工作确实存在瑕疵、你的汇报也不怎么完善，或者事情有一些棘手，可能会有更大的概率得到领导的谅解和支持。

所以，一定要学会找到向领导汇报的最好时机。抓住了合适的时机，你的汇报将更能取得预期的沟通效果。

第四节　善于领会领导意图

在日常工作中，要学着有点“眼力见儿”，这样能更受人关注。那么，什么是有“眼力见儿”？进了机关，我们怎么表现，才算得上是有“眼力见儿”？

所谓有“眼力见儿”，是指具有辨别、判断的能力，以及较为敏锐或者特别透彻的观察能力，能够通过微小细节，洞察到事件发生的可能性，并妥善处理由此带来的一系列后果。通俗点说，就是在工作和生活中懂得观察，眼中有事情，并恰当勤快地多做事。

日常生活中，我们可以看到有很多有“眼力见儿”的表现：朋友家三岁多一点的小孩子，一看到妈妈下班回来，立即放下手头的事情，给妈妈送上拖鞋，帮助她换下鞋子，让妈妈感到很温馨幸福；大街上，一位年迈的老人推着装满货物的三轮车在吃力地爬坡，几位中学生及时伸出援手，帮助老人轻松地通过了一段上坡道路；公交车上，正准备下车的乘客匆忙之间把手提袋忘在了旁边座位上，一个小伙子赶紧叫住他，并把手提袋递到他的手里。在不经意间做了这些事情的，都可以说是有“眼力见儿”的人。

在工作中也是如此。比如，不知道是谁不小心洒了水，办公室地上湿了一片，你看到人来人往的，怕人滑倒，就去找来拖把把地面拖得干干净净的；你拿了一大摞材料去找领导签字，领导看过材料后，突然在桌上找着什么，你这时赶忙递上去一支笔，领导接过笔，很快完成了签批；开会的时候，领导和同事们面前的水杯已经喝下了大半，你不声不响地拿起水壶，给领导和每一位同事添上了热水。这些虽然都不是什么大事情，但如果你能够树立一种主动服务的意识，把这些日常小事也当成自己的工作，领导和很多同事会愿意和你共事，你的人际关系一定会改善很多，工作也会变得顺畅起来。

在与领导打交道的过程中，有“眼力见儿”的含义更广，要求也更高。

是不是有“眼力见儿”，常常是领导评价下级的一项重要内容。我们经常听到领导说某某人“很有眼力见儿，一点就通”，也经常听到领导抱怨某某人“不灵通，翻来覆去交代多少遍也不领会”。可见，能否第一时间领会领导的意图最能考验一个人“眼力见儿”的高低。

作为机关工作人员，要做到有“眼力见儿”，要求我们要会注意领导的眼色，注意提高随机应变的能力。即使领导不说一句话，仅仅给你一个眼神，你也要即刻明白领导要表达什么意思。更高的境界是，领导什么都不用说、不用做，你也能明白该配合领导去做什么。

李续宾是曾国藩手下爱将。一天，曾国藩召集众将开会，谈到当时的军事形势时说：“诸位都知，洪秀全是从长江上游东下而占领江宁的，故江宁上游乃其气运之所在。现在湖北、江西均为我收复，仅存皖省……”这时，李续宾早已明白曾国藩的意图，趁势接口道：“藩帅的意思，是要我进兵安徽？”“对！”曾国藩以赞赏的目光看了李续宾一眼，“续宾说得很对，看来你平日对此已有思考。为将者，踏营攻寨计算路倒在其次，重要是要胸有全局，规划宏远，这才是大将之才。续宾在这点上，比诸位要略胜一筹。”

李续宾一句话赢得了这么高的赞扬，实在是高明之举。

读懂领导，准确领会领导意图，绝非仅靠天赋，也非一日之功。曾国藩说李续宾“平日对此已有思考”，一语中的。只有平时紧紧围绕领导关心的敏感点进行思考，才能在把握领导意图和工作思路方面超过其他人。

准确领会领导意图，还要善于揣摩领导的言外之意。

有一句谚语：“听话听音，锣鼓听声。”听人说话时，要善于聆听弦外之音，不仅要关注他们所表达的表面内容，还要善于捕捉和理解他们话语中的隐含信息或情感。就像听锣鼓一样，能够听出它的节奏和情感。有时和领导交流，领导总是说一句藏一句，好像云里雾里，并不十分清楚。这时，就需要你多琢磨领导的话，透过字面意思思考深层含义。想一想前因后果，把一些事情前后衔接联系起来，从中全面分析，才能很好地把握领导真实的意图。

有的人会说，这不是给领导献殷勤吗？实际上，在面对上级领导时，有“眼力见儿”并不是让你去奉承，只是体现下级对上级的尊重、细心，更好落实任务、推动工作。

一般来说，你的领导会比你站位高，在某一领域也有一定深研。所以，他们既是组织安排的上级，也是你工作中的榜样，是你学习的榜样。你要做的，就是抱着低姿态向他们学习，有“眼力见儿”，这说不上什么献殷勤，而是服务意识的体现。

第五节 办好领导“难办”的事

领导通常比我们阅历广、经验多，而且手头掌握了更多的信息和资源，在解决工作中的困难和问题时拥有更大的优势。一般来说，如果领导遇到不好做的事情，我们也难以完成。

但“尺有所短，寸有所长”，特别是现在处于一个飞速运转的信息时代，年轻人也懂得不少领导不掌握的新知识、新技能，领导难办的事在年轻人看来可能未必难办、未必办不好。

还有一种情形，领导很多时候需要下级“补台”，甚至有些时候领导不适宜直接出面，需要下级主动顶上。俗话说，“一个篱笆三个桩，一个好汉三个帮”。打个比方，如果领导遇上了“难唱的曲”，你能及时冲出来、顶上去，把这个“难唱的曲”接下来唱好，在领导心目中就一定能留下很好的印象。

办好领导“难办”的事，主要体现在三个方面：

⊙ 一是当领导在工作中出现失误时

人非圣贤，孰能无过。再高明的领导者，在工作中也难免出现失误和过错。作为下级，不能只顾着独善其身，把自己当作普通的旁观者，而是要以全局利益为重，把自己摆进去，主动作为，多做“补台”工作，尽量挽回或降低损失，以减轻领导的压力。

从机关工作的传统看，下级把失误揽到自己身上，主动担责，代领导受过，有利于维护领导的权威和尊严，把大事化小、小事化了，不影响工作的正常开展。

⊙ 二是当领导对工作拿不准、有分歧时

当领导之间发生意见分歧或矛盾时，作为下级，要谨慎行事，三思而后行，做好周密细致的调查研究，帮助领导深入了解所面临问题的真实情况和症结所在，统一思想，明确思路，找到矛盾和分歧的解决之道。

⊙ 三是当群众对领导存在误解时

工作中，由于领导和群众思考问题所站的角度不同，掌握信息的多寡不同，有时群众对领导的某些决策和意图并不一定完全理解，甚至对领导产生误解。这种情况下，下级要发挥领导和群众之间的桥梁纽带作用，直接面对群众，协助领导做好沟通工作。首先弄懂吃透领导的意图，

并站在领导的高度，善于用最通俗的语言向群众宣传，使群众的误解得以消除。

办好领导“难办”的事，还要避免另一种倾向，不能适得其反。

有一位老人告诫年轻人：“有时候我们必须学会隐藏自己的才华，特别是在我们的上级面前。”

作为下级，我们该如何做呢？

⊙ 第一，学会合适地展示自己的能力

领导不是神，也会有不熟悉的领域和专业。作为下属，不能在每件事上都想着“我比领导更强”，而是学会灵活运用自己的专业知识，在重要的事项上给出建设性的建议，或者在紧要关头脱颖而出、化解难题，让领导感觉你的积极作用，从而获得他的认可。

⊙ 第二，多展现对领导的尊重和服从

领导承担着管理单位的大局和责任，有更多的信息和考虑。所以，要多站在领导的角度思考问题，随时随地维护领导的权力和威信，对领导作出的决策保持服从和支持，即使领导一时考虑不周，决策确实有不够妥当的地方，也是悄悄地进行提醒，而不是公开地质疑。

也许，领导在某些业务专业方面不如你，但领导的综合实力往往体现在协调、沟通、策略、管理等方面，有很多值得学习借鉴之处，作为下级要谦虚为怀，真心实意地尊重领导。比如，有位领导的 PPT 做得不好，在这方面单位里差不多所有年轻人都比他出色，这并不妨碍他做好一位领导。

汉代有一个有名的大臣孔光，他是几朝老臣，长时间做参谋工作，给皇帝提出的合理化建议很多，皇帝采纳的也不少。但他从不倚老卖老，更不卖弄才华，非常注意维护皇帝的权威，每次建议后都要把草稿烧掉。回

到家里，即使和最亲近的夫人、孩子也从来不提起。他这么做的用意，就是表示所有的德政都是皇帝的英明决策，而不是自己的功劳。

在领导面前，我们有时候要甘做无名英雄，有“事了拂衣去，深藏身与名”的觉悟，只求能提出好的点子，由领导拍板决策，而千万不要与领导争名利、决高下。

本章小结

向上社交：密切『联系』领导

- **善于向领导学习**
  - 学格局：站位高，看得远
  - 学处事：善于办事，左右逢源
  - 学方法：精益求精、严谨细致
- **学会与领导沟通**
  - 让领导做选择题而不是问答题
  - 重点突出，次序分明，逻辑清晰
  - 结论先行，再行论述
  - 精心准备，提前演练
  - 合理表达，尊重＋建议
  - 因人而异，区别对待
- **勤于向领导汇报**
  - 易事快汇报：凡事有交代，事事有回应
  - 杂事勤汇报：复杂、周期长的工作随时汇报进展
  - 难事巧汇报：选好时机、想好建议方案
- **正确领会领导意图**
  - 注意领导眼色，提高随机应变能力
  - 平时紧紧围绕领导关心的敏感点思考，把握领导意图
  - 善于揣摩领导言外之意
- **敢于帮领导解难题**
  - 领导失误：主动担责，代领导受过，多做“补台工作”
  - 领导对工作拿不准、有分歧：调查研究，了解症结，明确思路
  - 群众误解领导：领会领导意图，站在领导高度，消除群众误解
  - 作为下级：维护领导权威，多展现对领导的尊重，适当展示自己

第八章

学会读懂领导

第一节　尊重领导，不犯低级错误

职场上有句名言："客户永远都是对的。"这句话在机关工作中同样有道理。遇到领导布置工作时，下级首先要做的应该服从安排、完成任务。

为什么要服从领导？

⊙ 首先，地位不同看问题角度不同

同一件事情，不同的人有不同的视角。领导考虑问题和下属会有差别。领导决策不一定完全对，但一般来讲能看得更远，考虑得更全面。下属可能考虑的只是自己眼下的工作，或者自己负责的个别领域，而领导考虑的不仅是当下的工作，还有全局视野、未来方向。

⊙ 其次，上下级之间存在信息差

在层级制的管理体制里，上下级之间往往存在各种信息差，对事情的分析判断也会存在一些差异。掌握信息更多、更全面的领导，对事情的判断更全面。而下级看到的信息面更窄一些，信息量少一些，在分析判断形势时就处于不利地位。

⊙ 最后，下级服从上级是基本工作规则

领导承担一个单位、部门的管理职责，凝聚整个单位、部门所有成员的智慧和力量，去实现单位、部门的职责任务和目标。领导要对集体负责，

对他的上级负责，而下级只对自己、对工作负责。如果每一个下级都自行其是，那么整个单位、部门会成为一盘散沙，必然无法完成所承担的责任和使命。对下级来讲，如果总是从个人角度出发，不愿意服从领导安排，就不可能融入整个单位、部门之中，迟早会被淘汰。

因此，与领导争对错，绝不是一件聪明的事情。客观上说，机关工作很多并没有对错，只是大家站在不同的立场上，对待工作的视角不一样，或者说做事的方式不同而已。除非涉及原则性的重大问题，我们不妨按照"领导永远都是对的"原则，以服从为优先选项，更多地站在领导的角度来理解和领会领导意图和决策，按照领导的安排执行。

同时，也要看到，在机关工作中，下级与领导的关系是很微妙的。正常情况下我们必须服从领导的安排，领导在安排任务时肯定也会慎之又慎，多数的安排是比较合理的，你是做某项工作最为合适的人选。如果你找借口拒绝执行，领导肯定会不高兴，对你产生成见。

如果确实遇到不想去做或者做不了的事情，向领导陈情也是个技术活。

⊙ 一是留有余地，迂回表达拒绝请求

当领导在布置工作的时候，你需要先对这个任务进行初步的衡量：这个任务你能否完成，完成的困难程度如何，愿不愿意接受任务。如果你确实无法完成领导安排的任务，那么也要考虑在拒绝时如何措辞，以领导能够接受的方式，巧妙地回应领导，而不要轻率地直接表示反对，硬邦邦地把领导给驳回去。

同事小玲是一个很有情商的人。有一次，领导安排她制定一个全市性的工作方案，这是她之前从未接触过的领域，她思来想去，觉得自己很难完成这个任务。她对领导说："感谢领导对我的信任，不过这方面我从来没有接触过，我先了解一下具体情况，然后再向您汇报可以吗？"在作了一番准备之后，她找到领导分析了自己不便承担这项任务的理由和考虑，表达了自己拒绝任务的请求，最终得到领导的理解和同意。

采取这种迂回战术拒绝任务，不是直接生硬地一口回绝，保全了领导的面子，也给自己留有余地，容易达到既拒绝任务又不得罪领导的效果。

⊙ 二是出以公心，客观分析个中利弊

对领导安排的任务，如果你直接就说这事“我不会、我不干”，那么在领导心目中，可能认为你是推卸责任、不求上进、没有担当，甚至还会坚持把任务给你。如果你换一种思路，站在领导的立场上，从完成任务的需要上来分析利弊，更容易取得领导的理解。

你可以先表明自己主观上愿意接受领导安排的任务，然后客观分析自己贸然承担任务的弊端和不利因素，最后再提出婉拒请求。比如，可以这么说：“感谢领导给我这个机会，说实话，我对这方面不擅长，很担心把您安排的事情给搞砸了，辜负了您的信任，也给工作造成损失。您看是不是可以安排熟悉这方面情况的同志负责，如果需要我愿意做好配合？”

你这么一说，领导也得衡量一下你干不好的后果，会从工作需要出发重新考虑。

⊙ 三是以进为退，主动提出替代方案

领导给你安排工作，如果超出能力水平，又不好意思拒绝，被动接受，自己累得筋疲力尽不说，也达不到领导要求的效果，让领导反感，也是得不偿失。遇到这种情况，可以说是进退两难。怎么办呢？你可以以进为退，主动提出替代方案，让领导定夺。

比如，可以这样向领导建议：“领导，这个事情时间真不太巧呢，我手头有几个急事，还有一个今天要上报的汇总报表，明天还要去参加组织人事部门通知的一个座谈会……您看如果不着急的话，能不能等我后天再落实您安排的这个任务？”

你并不是不想按照领导的要求办，确实是有客观的原因，这样就让领

导做选择。如果领导真的不着急，你有两三天的时间，可以慢慢做这件事；如果领导着急，他自然会安排其他人做。

当然，拒绝领导时还有一些需要注意的其他地方。比如，拒绝领导，不要着急上火，要先听领导把话说完；不要什么事情都一口回绝，能服从领导的要尽可能服从；尽量不要当着众人拒绝领导，不然会让领导感觉没面子、下不来台，产生抵触情绪。

第二节 不要怕走近领导

对初入机关的年轻人来说，往往与领导存在一定的距离感。有的人害怕跟领导接近，一看见领导就想绕着走，有时当面遇上也不敢打招呼，开会的时候也不敢与领导有目光的交流，更不敢开口发言。

还有的人认为，跟领导走得近了，会被其他同事说是在奉承，不敢跟领导接近。

事实上，对于一个想在机关有所发展、有所成就的人来讲，不敢接触领导、害怕走近领导，这是一种错误的认识和行为。不通过与领导接触建立良好的关系，就想获得足够的重视是不现实的，即使你有才华、有能力，那领导也不会放手用你，有好的机会也不会给你。

很多新人躲避领导，不愿意接近领导，主要可以归结为以下四种原因：

⊙ 一是权力等级带来的压力感

有的领导总是喜欢摆出一副高高在上的样子，通过有意识地保持与下级的距离，使下级认识到权力等级的存在，感受到领导的支配力和权威，以便对下级进行管理。很多新人看来，领导有地位、有权力、有影响力，与自己有着等级上的天然差距。这种差距感会产生压力，很容易让机关新人对领导采取退避三舍的方式。

如果不巧被领导批评过一次两次，那就更不敢跟领导接触了。

⊙ 二是因不了解产生的排斥感

人们对陌生的事物，往往都会很自然地产生一种逃避心理。领导负责着一个单位方方面面的工作，时间和精力都很宝贵，与下级的一对一交流肯定不会太多。有些人不敢走近领导，主要是平时跟领导接触不多，不了解其性格，担心领导态度不好，不通人情，对与领导接触这件事情产生较强的排斥感。

正如我们在接触一些名人的时候，因为不了解也会很紧张，但相处久了，就会发现他们跟平常人也差不多。事实上领导也是如此。许多领导是愿意与下级交流接触的，通人情、讲道理、平易近人的领导是绝大多数，大家完全没有必要担心。

⊙ 三是忧谗畏讥形成的恐惧感

机关工作中，经常可能遇到这样的情况，领导越是喜欢哪个人，这个人往往越是容易受到其他领导或者同事的排挤，各种不好的标签会贴到这个人身上。

为了避免这种情况的出现，有些人刻意跟领导保持距离，不去主动交流沟通。

⊙ 四是无所谓心态下的疏离感

在有些人眼里，认为主动走近领导就是刻意逢迎，总觉得自己很“清高”，主动与领导疏离。

也有些人感觉工作再努力也未必能升职加薪，还不如早早“躺平”。也有的是没有家庭的生活压力，与领导沟通、追求上进的内在动力不足。在这样的一些心态下，自然也就不愿意接触领导了。

如果我们不能迈出主动接近领导的第一步，继续走在逃避领导的路上，可能会让我们成为距离领导越来越远的边缘人。更可怕的是，由于缺乏与领导打交道的能力，所以走到哪里都会因为害怕领导而失去发展的机会。

如果我们能够克服发怵心理，积极大胆地去尝试，可以使我们的人际交往能力得到锻炼，而且随着与领导建立和谐关系，也为以后成长进步打下一个良好基础。

与领导走得近一些，至少可以有三个方面的益处。

⊙ 一是便于贴近学习，更多得到领导的帮助和指点

有人说：“领导都有他的过人之处。”领导之所以能够走上领导岗位，都是经过历练的，有很多值得学习的经验和长处。如果能够把领导的经验和长处学到手，对个人成长无疑会大有帮助。和领导走得近一些，可以近距离观察领导为人处事，直接与领导交流自己的体会和收获，能得到领导更好的指点。

“近水楼台先得月。”比起那些见了领导绕着走，对领导敬而远之的同事，与领导走得近，更容易从领导身上学到真本事，提升自己的工作能力，从而在职场上占据优势。

⊙ 二是便于融入集体，更好把个人与集体融合起来

领导处于一个部门和单位的中上层，与领导走得近可以更好地了解和接触单位的更全面情况，从而在单位中找到自身工作的努力方向，更好地融入团队工作中。

只有自觉地把个人融入团队，把自己的工作任务与团队的共同目标相结合，才能使自己的工作具有意义，也才能借助团队力量做出更好的成绩。

⊙ 三是便于展现能力，取得领导的关注和认可

有人信奉“酒香不怕巷子深”，自恃有几分才华，感觉自己只要有本事，自己凭本事吃饭，什么领导也用不到，不屑于跟领导沟通交流。

常言说，千里马常有，而伯乐不常有。年轻人要学会主动推销自己。与领导走得近一些，充分展示自己的能力才华，既从感情上得到领导的亲近和认同，也让领导更好地了解你。特别在大家条件相近的情况下，领导感情的天平有很大的概率倾向你。想想也是，领导都不认识你，更不了解你，怎么可能推荐你？

当然，与领导走得近可能也会有一些风险，如过度依赖领导的支持和保护，忽略了自己专业和能力的提升；容易被视为选边站队，甚至可能会陷入复杂的人际关系，遭到其他领导或同事的嫉妒或疏远。

从这个角度说，我们既不要怕走近领导，同时又要保持适当的距离。具体来说，在面对领导时，应遵循以下四个原则：

⊙ 一是尊重而不奉承

尊重领导，像敬重长辈、师长一样，按时完成工作任务，积极服从工作安排，但也不要过分奉承领导，说一些虚伪或者矫揉造作的话，做一些违背自己良心或职业道德的事。

⊙ 二是配合而不迎合

要了解领导的性格和风格，适应领导的工作方式和思路，但也不迎合领导的特殊喜好，放弃自己的原则或立场，牺牲自己的利益或价值观。

⊙ 三是合作而不依附

支持领导的决策，在领导需要的关键时候给予帮助和建议，但不与领导形成人身依附关系，在工作中缺乏自主或创造性。

⊙ 四是学习而不照搬

善于学习领导的优点和长处，借鉴领导在为人处事方面成熟的经验和方法，在知识和技能上不断提高自己，但也不要照搬照抄领导，不能在思想和行为上失去自己的特色和风格。

第三节 和领导要有边界感

著名学者周国平曾写道：“一切交往有不可超越的最后的界限，而一切麻烦和冲突都源于想要突破这界限。”对我们处理人际关系来讲，这是一个很有益的告诫。

汉代韩婴编的《韩诗外传》中记载，魏文侯打算选拔一个合适的相国，是选择大臣翟黄还是他的弟弟魏成子，思虑不定，难以抉择。于是，召来卜师李克，请他占卜并提出意见。李克看出其中的问题，就避而不谈说：“臣闻之，卑不谋尊，疏不谋戚。臣在阙门之外，不敢当命。”意思是说，关系疏远的，不参与关系亲近者之间的事情。一个关系疏远的人，不能明白两个关系亲近者之间的恩怨与情感。如果参与进去，肯定是一件出力不讨好的事情。

网上流传着这样一段话：和朋友之间，保持一杯水的距离；和亲戚之间，保持一碗汤的距离；和爱人之间，保持一张纸的距离。其中的道理发人深思，与著名的心理学理论“豪猪理论”也是相吻合的。人是社会性的，社会与生存的需求把人们联结在一起，同时人又具有个体性，人与人之间的相互冲突和排斥也从未止息，所以，最好是能寻找到合作与排斥的最佳结合点。

与领导之间的关系也是如此，应该注意掌握分寸，保持恰当的距离。

在机关，边界感不强的下属大有人在。

有人带着讨好心态与领导相处，总害怕自己哪里做得不好，让领导不满意，把上下级之间正常的人际关系异化了，由同事之间的互相关心、互相帮助变成了对领导无原则的讨好。这方面有不少极端的案例。某地曾报道，一位领导家里孩子结婚，工作人员都赶去帮忙，结果群众办事找不到人，在社会上造成不良影响。

如何在与领导相处中守好尺度、把住边界？我们认为，重点要划清以下“三个界限”。

⊙ 一是划清公与私的界限

机关工作中最容易遇到的现象就是公私不分，甚至把私事放在公事之上。在与领导的关系中，即便是再好相处的领导，他最主要的角色是领导，最重要的工作就是要维护整体利益，“公”应该始终在“私”之上。

而对下级来说，有自己的职责，也有自己的私人空间。在单位，最重要的肯定要做好工作，为领导分忧，但如果不是非常紧急，也不要总是把工作带回家里，让公务无休止地占据个人空间。

⊙ 二是划清规则与感情的界限

《三国演义》里“诸葛亮挥泪斩马谡”的故事广为人知。蜀国参军马谡刚愎自用，处置失当，导致军事要塞街亭失陷，最终被丞相诸葛亮依军法而忍痛斩首。京剧中的传统剧目“失空斩”，就是依据这个故事而编成的“失街亭”“空城计”“斩马谡”三段。作为下属，不要认为与领导平常相处得比较融洽，得到领导特殊照顾，就可以超越红线了，随意违反工作纪律和规则，如果这样认为，那就大错特错了。

其实，真正稳重成熟的人，越是与领导关系融洽，越是时时处处维护领导，在遵规守纪上越是更加严谨，这样才更能得到领导的欣赏和信任，与领导的感情才会牢固持久。

⊙ 三是划清等级差距与平等相待的界限

在现代组织体系中，层级制仍然是一种最常用的管理模式，其最基本的特征是组织内职位分层、权力分层等。通俗来说，在机关，下属和领导之间是讲等级的，但大家相处久了，有的领导比较关心信任下属，有的下属也会把领导当作师长朋友。特别是现代社会，更注重人与人之间的人格平等。但如果因此而忽略、模糊了日常交往中的平等相待与职务上的差异，很容易把好事办坏了。

此外，如果遇上的是异性领导，就算自己“心底无私天地宽”，也要在交往中把握一个“度”，既注意保持合理的心理距离，也注意保持合理的空间距离。

第四节 看大“小领导”，看小“大领导”

机关常常会发现一个比较有意思的现象：一些职位不高的“小领导”大都比较严厉，而职位较高的“大领导”反而比较和蔼和气。

这种现象看起来似乎比较令人费解，大家有时会说身边的“小领导”官小架子大，对“大领导”则向往之至，给予很多的溢美之词。实际上，“小领导”与“大领导”面对下属时的不同表现和形象，是有着深层原因的。

⊙ 首先，涵养修炼的不同

一般来说，“大领导”之所以能达到较高的职位，往往年龄上会相对大一些，知识积累较多、能力水平较高、涵养较深，阅历也较为丰富。面对下级所显现的和蔼和气，包括沉稳淡定等气质特征，是在长年历练中培养出来的。有的领导年轻时脾气还比较火爆，但随着职务的不断升高，修养的不断积累，而修炼得喜怒哀乐不形于色。

曾国藩就是很好的例子。这个后来被梁启超、陈独秀、毛泽东等推崇为“圣哲”的晚清中兴名臣，30 岁前还是一个心浮气躁、傲慢自大的“坏小子”，一言不合就与别人打上一架。后来才幡然醒悟，开始反思，反省自己的性格和缺点，不断改正自己的行为，在一次次的反复磨炼中，成了持重稳健、志成干练、胸怀天下的“圣人”。

相比之下，“小领导”往往会资历浅，处于人生和职位的起步阶段，涵养、阅历、修炼等方面的火候还不够，容易喜怒形于色，给人造成严厉、生硬的感觉。

⊙ 其次，层级关系的不同

人之相交，因人而异是人之常情。不管是“大领导“还是“小领导”，对不同的人会有不同的态度。

也就是说，“小领导”与“大领导”对你态度的差异，与领导和你的关系有关。当你面对“小领导”时，他是直接上级，自然要表现得严厉一些，否则下属怎么执行好工作任务？如果你面对的是“大领导”，你们中间还隔着一个到几个层级，一般他不需要直接给你安排工作，如果有任务自然由“小领导”安排，他的权威用不着刻意在你面前表现，用不着对你严厉。对你严厉，反而会让“大领导”感觉掉了身份。而且，越是“大领导”，越会营造亲民形象，以温和、亲切姿态面对下级，也是其自身的需要。

同样的道理，如果“小领导”面对“大领导”，他也会觉得“大领导”严厉的，这就是对象的不同。

那么，我们该如何面对“小领导”“大领导”呢？“一碗水端平”，还是区别对待？从经验看，“把小领导往大了看，把大领导往小了看”，不失为明智的与领导相处之道。

所谓“把小领导往大了看”，是说跟“小领导”相处的时候，特别是在外人面前，一定要让他感觉受到了尊重。比如，如果你主动对别人热情洋溢地介绍：“这是我们的领导。”就这么一句话，肯定会让他非常受用，对你的态度自然也能好起来。再如，如果你们之间没有什么原则性的冲突和矛盾，不妨积极配合一下，一般不作无谓的争执。这样当你遇到难题时，他很有可能“一路绿灯”。

所谓“把大领导往小了看”，是说跟“大领导”相处的时候，不要把领导看成高不可攀的，不要自我贬低，以仰视的态度交流，而要把领导看成是可以接近的长辈和前辈，或者是谈得来的老师和朋友，保持一颗平常心，放平心态，落落大方地进行交流。

“大领导”职位高你二层甚至更多，见多识广，即使不是有意地表现出来，一般会有居高临下的心境。他平时见多了谨小慎微、战战兢兢的下级，更希望碰到得体大方、自信自如的年轻人。如果你的表现和一般人一样，战战兢兢，如履薄冰，很容易让领导觉得不堪大用。

事实上，与领导相处，还有不可忽视的另一面。

作为下属，一定要明白，“大领导”“小领导”都是领导，在你应该毫无怨言、兢兢业业干好工作这件事上，他们的认知是完全一致的。

你之所以感觉“大领导”总是和蔼可亲而“小领导”总是声色俱厉，

只不过是因为你和“大领导”隔了几个层次，没有资格和机会享受其“暴风骤雨”的错觉而已。

第五节　获得领导认可的人具备哪些特质？

在机关，领导的认可对于下属来说非常关键。年轻人初入机关，都希望获得领导认可，希望做出一番成绩、成就一番事业。然而，并不是每一个人都能达到预想的目标。很多人由于这样那样的原因，离最初追求的目标可能越来越遥远，逐渐失去了奋斗的信心和动力，令人叹惜。也有一些人，他们以非凡的能力和勤奋的工作，如愿以偿得到了领导认可和支持，取得了事业的成功。

A 人学毕业于某 985 高校，很幸运地通过公务员考试进入一家机关单位，工作岗位恰好与专业对口，又比较善于思考，很快成了部门业务骨干力量，加之他心无旁骛，一心一意地扑在工作上，对领导交办任务都完成得漂亮，很快被提拔到了重要岗位，前景可期。

B 是转业干部，在部队奉献了 20 多年的青春年华，40 岁出头转业到地方。他忠于职守，待人热诚，又很善于交流，很快与身边的领导和同事打成一片，在单位里口碑很好，后来赶上办公室主任的位子有空缺，领导让他做了主任。这可是众所周知的关键岗位，几年以后他再进一步发展也顺理成章。

那么，他们是如何获得领导认可的？具备了哪些关键的特质？

⊙　一是有格局

前面我们也谈到了格局。曾国藩说过：“谋大事者，首重格局。”格局大小，往往影响乃至决定一个人能走多远，能干多大的事、挑多重的担。真正有格局的人，往往都是领导所认可的人。

也许有人认为，领导会嫉妒贤才，特别是对一些能力强、水平高的下级，有可能取代领导的位置，会受到排挤、疏远。其实不然，大多数领导是有胸怀的，如果这个下级将来做得比自己好，那么自己就是他的伯乐。而真正有能力的人胸怀宽广，志向远大，绝不会鼠目寸光、忘恩负义，即使身居高位也不会忘记领导的提携之恩。

同时，有格局的人是领导得力的助手。他们不会为蝇头小利斤斤计较，也不会因一时挫折而退缩，可以更有毅力、有信心很好完成领导交给的任务。

⊙ 二是守忠信

无论在什么地方，人们都喜欢忠诚可靠的人。朝秦暮楚，或者总是喜欢这山望着那山高的人，是难以得到别人的尊重和认可的。

当然，这里说的守忠信，并不是让你与领导形成人身依附的关系，也不是无原则地讨好、奉承，而是能够和领导坚守在同一阵地，一起为实现共同的目标而努力。

⊙ 三是善沟通

在机关工作，沟通协调能力是一项很重要的能力。善于协调沟通，能带领大家齐心协力、同步行动的人很容易成为单位的中坚力量，也容易得到领导的关注和认可。

表面上看，善于沟通协调的人好像有点不务正业，只靠嘴皮子，串串门，聊聊天，干的不是本职业务，特别是在一些业务部门，有时被视为边缘人，评功授奖时往往被大家忽略。那沟通协调在单位里是边缘工作吗？是不是可有可无？是不是没啥贡献？

绝不是的！在任何一个单位，沟通协调都不可或缺，也是一件苦差事，不是谁都能做的。做好沟通协调，需要有很强的能力，才能协调好各个方面的关系。既需要头脑灵活，能说会道，又要懂得随机应变，上传下达，考验的不仅是个人的智商，还需要超高的情商。

⊙ 四是敢担当

事不避难、敢于担当。担当是一种责任、一种自觉、一种境界、一种精神。敢于担当就是敢于站出来，做一般人不愿意做的事情。

现在有的机关干部很欠缺这种敢于担当的精神，敷衍应付、推诿扯皮现象屡禁不止。近些年，有的地方出台政策，要“为担当者而担当”，也说明这个问题的紧迫性和重要性。事实上，我们正处在发展的关键时期，挑战错综复杂，需要大家承担起历史责任，敢于担当作为，对于应该完成的任务，顶着压力也要干，对于应该担负的责任，迎着风险也要上。

这种担当精神，是历史和时代的要求，也是机关工作的需要。如果每个人都担当作为、履职尽责，遇到矛盾不回避、碰到困难不退缩，工作就能顺利推进，事业也才有保障。

⊙ 五是业务精

专业能力是每个人在单位立足的基础，特别在专业性较强的单位，你的专业能力越强，不可替代性越高，在团队中就越有地位，在领导心中也就越有价值。所以，精通专业知识，让自己成为那个不可替代的人，这样才能得到领导的认可。

有人拿《论语》中“君子不器”来举例，认为孔子是在教导弟子，君子不应该仅仅像器具一样，只有一方面的用途，而要多才多艺、多专多能、无不可为。孔子的教诲中确实蕴含着很深刻的人生哲理，但如果以此而忽视了专业精通的重要性，也是得不偿失的。

欲不器，先成器。年轻人应该首先练就一技之长，人无我有、人有我精，然后多方面发展，最终达到“君子不器”的高远境界。

⊙ 六是执行力强

在机关，有一个执行力强大的下属，对领导是至关重要的。

由于工作头绪繁多，领导不可能事必躬亲。领导最重要的是把舵定向，为了更好地研究决策，很多时候要从具体琐碎的日常工作中超脱出来，而不能淹没其中。当领导把工作安排下去以后，就需要有人不折不扣地推动落实，如果没有得力的执行，再精妙的规划和决策也流于空谈。

试想，如果领导吩咐一件事，大家都在拖时间，都在做表面文章，再有问题就是互相推诿扯皮，这样的团队能做出成绩吗？作为领导又能长期领导下去吗？答案显然是否定的。

本章小结

- 学会读懂领导
  - 走近领导
    - 维护领导权威，不与领导争对错
    - 陈情讲艺术：迂回表达、留有余地；出于公心、分析利弊；以进为退，找出替代方案
    - 四个原则：尊重而不奉承、配合而不迎合、合作而不依附、学习而不照搬
  - 保持边界感
    - 公私分明：维护整体利益，“公”＞“私”，保证私人空间
    - 规则＞感情：时时处处维护领导，遵规守纪更加严谨
    - 划清界限：把握和领导交往的度，保持适当距离
  - “大”“小”领导有区别
    - 对待小领导：真心实意、充分尊重
    - 对待大领导：不卑不亢、落落大方
    - 兢兢业业，干好工作
  - 获得领导认可
    - 有格局：胸怀宽广、志向远大
    - 守忠信：对领导忠诚，为人可靠
    - 善沟通：头脑灵活、随机应变
    - 敢担当：担当作为、履职尽责
    - 业务精：人无我有，人有我精
    - 执行力强：不折不扣、推动执行

第九章

难的不是工作本身，而是人际关系

第一节 和同事处好关系会让你如鱼得水

在机关，同事关系是非常重要的关系。处理得好，可以让你在机关中如鱼得水、心情舒畅；处理得不好，可以让你处处掣肘，压抑孤立，甚至可能影响你的前途。

央视一套等各大平台热播的电视剧《县委大院》，以讲述新时代中国县域治理为主要内容，很好地塑造了新一代基层领导干部的群体形象，展现了中国县级政权组织治国理政的艰辛历程。剧中，青年干部林志为处理同事关系的不俗表现，对于刚从大学毕业的机关新人很有启发意义。

林志为第一次出场，正朝着办公室走去，没有人愿意搭理他，更没有什么具体工作，所以他看到谁都想去帮忙，都想拜师。一天，当林志为看到同事江霞因工作加班而无法回家时，主动提出帮助她，不仅展现了积极的工作态度，也赢得了江霞的感激。接下来，他又稳妥应对了同事小赵邀功诿过的问题，逐渐得到领导范太平的认可，被破格推荐为县长艾鲜枝的联络员。在这段剧情中，林志为以其热情、诚恳、坚韧、沉稳的表现，很好地处理了办公室复杂的同事关系，赢得了领导和同事的认可，为他今后的发展打下了坚实基础。

在处理同事关系时，要注意把握好以下四个原则：

一是与人为善、以诚相待

进入机关以后，可以说与同事朝夕相处，一起工作，最重要的就是要做到以诚相待、与人为善，以自己的“诚心”和“善意”去赢得同事的“实意”和“友善”。

古人云：“精诚所至，金石为开”，“诚之所感，触处皆通”。只要真心实意以诚待人，就可以使人感化。同事之间是为着同一目标而工作的，应该友好善意地与他人相处。当同事取得成绩、提拔晋升时，应当真诚地祝贺和欣慰；当同事遇到挫折和不幸时，应当主动地关心和问候；当同事碰上困难或者工作不顺利时，应当积极地帮助和支持。绝不能对同事的成绩嫉妒忌恨，对同事的困难冷漠观望。不然，既会伤害对方的感情，更会影响彼此之间的关系。

⊙ 二是积极配合、互相“补台”

所谓积极配合、互相“补台”，就是既要有合作精神，又要有“补台”意识。这是对同事之间“行为”方面的要求，也是处理同事关系的一条重要原则。

现代社会，任何一个部门及其工作人员，都需要与其他部门、其他工作人员配合，才能取得最佳的整体效应。特别是部门内部，大家更是要有团队意识，主动配合，齐心协力地工作。那种“各人自扫门前雪，莫管他人瓦上霜”的自私狭隘做法，既不符合时代的要求，在实际工作中也是行不通的。

同事之间要正确把握“整体利益”与“个人功劳”的关系，考虑问题一定要从部门和单位的整体利益出发，不要斤斤计较小我的利益。为了整体利益，自己受点委屈或损失一些利益也不用太过纠结。当同事有困难时，应当热情地帮一把，做到跨前一步，防止工作掉进空档；当同事出了差错时，应当主动地帮助，而不是视而不见、见而不帮、帮而不力，更不能“围观”同事的困难和差错。

⊙ 三是见贤思齐、强者为师

处理同事关系，不仅要有“容人之短”的肚量，而且要有“容人之长”的胸怀。见贤思齐、强者为师，就是主动向贤者看齐，虚心拜强者为师。

同事之间的关系，既有合作的一面，也有竞争的一面。特别是处于同一层级的同事之间，由于资历、阅历和受教育程度等方面的不同，无论在能力、水平还是气质、修养等方面，都存在着一定的差异，可能在竞争中所处的形势也不同。对此，要树立“君子之争”的观念，看到别人行的，多想想自己为什么不行、怎么才能行；看到别人强的，多想想自己为什么不强、怎么才能强。绝不能妒贤嫉能，采取不正当的方式和手段排挤别人。

⊙ 四是学会自制、稳住心态

同事之间交往过程中，有的因为在某些事情上意见、观点、看法不一致，或者有利益上的纷争而发生分歧，甚至会出现争吵。这种情况下，学会控制自己，增强自制力是十分重要的。

在机关工作，同事之间很少有激烈争吵的现象，大家表面上总是和和气气的，好像从来不会发生矛盾和冲突。其实不然，人各有其情、各有共性。机关里人数众多，且有利益竞争，肯定不乏意见不一的事情。如在电视剧《县委大院》中，由于同事小赵的失误，林志为将会议时间通知错了，而小赵却倒打一耙，将过错完全推到林志为身上。林志为当然很气愤，愣是忍了下来，没有和小赵争辩，更没有大吵大闹。

遇到这种情况，要理智处理问题，切不可感情用事。一个自制力强的人会想到，自己的激烈言辞和发脾气会带来什么影响？发怒是否能解决问题？发怒会造成什么后果？自己有哪些做得不对的地方？如果能考虑到这些，就会使情绪冷静下来，从而减少争吵和情况进一步恶化的机会。林志为在这件事情中表现出来的冷静沉稳，让领导范太平刮目相看，开始重用他，给他安排重要的工作任务，逐渐进入个人发展的快车道。

第二节 单位是第二个“家”

工作以后，单位领导和同事都会对你说：“好好干，有困难就说，这里就是你的家。”一开始可能不理解，以为大家是在讲客气话，时间长了，经历得多了，才真正明白：单位还真的就是我们第二个家。

作为同一个单位的同事，不管年龄大小、经历多寡、能力高低，能够从四面八方相聚在一起，是一件很有缘分的事情。在一个地方上班，每天见面，朝夕相处，可能比家人在一起的时间还要多。大家为了同一个事业、同一个目标，为了我们共同的荣誉、共同的家园一起忙碌和奋斗。同时，在单位这个大家庭里，进一步完善自己，丰富知识，开阔视野，锻炼能力，积累经验，互帮互助、互敬互爱，携手成长进步。

和自己的“小家”相比，单位这个“大家”对每个人都有着不可替代的作用。

⊙ 首先，单位是我们继续接受教育、继续成长的地方

人的启蒙教育在家里，跟着父母学说话、学走路、学做人；接着是上学，从幼儿园、小学、中学直到大学，一直在学知识、学技能；毕业后到了单位，还要继续学习，学业务、学经验。单位既是一个工作的场所，又是一个继续教育的学校，更是一所最好的社会大学。

在单位学习，一是学习了解单位的历史。一个单位有自己的成立史、

发展史。如果我们不了解单位历史，就不会珍惜自己的岗位，甚至会对单位大失所望，失去对单位的归属感。二是向单位的同事学习。在单位，人人都是老师，他们经历各不相同，出身各不一样，但都有独特的人生阅历和工作经验。只要我们以学生的态度虚心求教，他们愿意将自己的经验体会传授给大家，甚至在关键时刻予以点拨。三是学习如何开展工作。任何行当都有学问，如果没有相关的经验和知识，就做不好这些事情。要多思考、多观察、多琢磨，对于单位所遇到的每一件事情，都当成自己学习的机会，作为一门学问去钻研。

⊙ 其次，单位是我们充分展示才能的平台

从踏入单位第一天起，我们一生的主要时间都将与单位紧密相连，这里不仅是我们生活学习的工作场所，也是我们施展才华的重要平台。可以说，与单位相比，没有任何一个地方能够让一个人全方位地施展才能、展示才华。只要你有某一方面的能力，在单位就有立足之处；只要你有某一方面的才华，在单位就有用武之地。

当然，在单位要施展好你的才华，发挥好你的能力，光靠天赋还不行，还需要勤奋努力。一是要做一个有准备的人。如果平时不努力，工作吊儿郎当，甚至在关键时刻掉链子，一旦有机会，是很难抓住的。二是要做一个吃得了苦、吃得了亏的人。吃不得苦、吃不得亏，急功近利可以说是当下的一种通病。其实，在吃苦和吃亏方面，大家要看长远一点，思想放辩证一点，不要和同事比谁事情做得少，不要和同事比谁待遇更高，这些都是暂时的，多做事、多经历，最终都会带来收获。三是要做一个脚踏实地的人。任何伟大都是从平凡起步的，任何大事都是从小事做起的。正所谓“不积跬步，无以至千里；不积小流，无以成江海”。在单位这个大家庭里，我们既要有从大处着眼的气度，又要有从小处着手的作为。

⊙ 最后，单位是我们并肩作战、荣辱与共的团队

作为单位的一分子，每个人都要把自己当成单位这台机器上的螺丝钉，很渺小却很重要，缺少这颗螺丝钉，机器就无法运转。在单位里，每个人的工作成绩都包含其他人的劳动，都是别人为你提供支持的结果。这就是集体共同的功劳。因此，人人都要尊重他人的劳动，同时都要成为他人的可靠保障，如同并肩御敌的战友。

把单位当成我们第二个家，要做到以下三点：

一是要有团结协作的精神。只有精诚合作，才能显示集体的力量和成果，如果大家都追求自我，以自我为中心，那么这个集体是不可能形成战斗力的。每个人都要树立大局观念、集体意识、服务精神和协调意识，不搞单打独斗，不以自我为中心，更不能唯我独尊，而是精诚合作、团结一致。

二是要有与单位同荣共辱的情怀。“单位荣则大家荣，单位辱则大家辱。”单位是大家荣辱与共的地方。在单位里，任何人都应该有这样的精神和追求，否则单位不会兴旺。如果大家都“事不关己高高挂起”，都认为那是领导的事、别人的事，那么这个单位是绝对不会兴旺的。

三是要有勇于任事的责任意识。在机关要勇于为单位负责，学会负责任。公道正派、担当作为、服务群众，这就是机关人员的责任。人做好了，事做好了，敢于负责、敢于担当，我们在单位就立得住，单位这个家就会越来越好。

此外，单位毕竟是单位，有亲情温暖，但更有制度敬畏，有宽厚包容，但更有严厉规则。有一位大型企业的老总说过：“公司就是工作和奋斗的地方，不是生活享受的摇篮。”在这方面，机关内外并无二致。在单位，还是要注意把工作与生活分别开来，严守规则，谨守边界，同时也维护好自己的个人生活和工作的侧重，把两个“家”的关系把握好、处理好，不能顾此失彼。

第三节 坦诚对待同事，投桃报李

现在社会，职场人普遍面临着严峻的“信任危机”。调查显示，有6成职场人对同事的信任程度一般，不会跟同事袒露心扉；近2成职场人表示对身边同事的信任感较差，认为职场上很难找到可靠的人；仅有14.4%的职场人认为自己身边的大多数同事很可交。

一些很有影响力的职场影视剧，如《欢乐颂》《我的前半生》《猎场》等，也在潜移默化中形塑了现代职场人的复杂人际关系，让人望职场色变。

其实，真实的同事关系并不像影视剧中演绎得那样复杂、那样夸张。在现实中，主基调还是充满正能量的，同事之间当然也有竞争，但更多的是互帮互助、互敬互爱，共同努力、并肩前行。

我国古代最早的诗歌总集《诗经》中，有一首著名的爱国主义诗篇《秦风·无衣》：

岂曰无衣？与子同袍。王于兴师，修我戈矛。与子同仇。
岂曰无衣？与子同泽。王于兴师，修我矛戟。与子偕作。
岂曰无衣？与子同裳。王于兴师，修我甲兵。与子偕行。

这是一首慷慨激昂的从军曲，也可以说是最早的军歌，热情讴歌了战士们团结互助、同仇敌忾、舍生忘死、英勇抗敌的精神。

在机关工作各条战线上，同事就是战友，为了共同的事业走到了一起。就像诗中所写，同事应该“同袍”“同泽”“同裳”而互帮互助，应该“同仇”“偕作”“偕行”而共同奋斗。同事关系，首先应该是坦诚相待、团结协作的关系。

坦诚相待是一种生活态度，是人际交往的基本准则。在单位，一个人如果失去了坦诚，就失去了与人交往的根本支撑，也一定会失去同事的尊重和信任。

“投我以桃，报之以李。”同事之间的善意是可以互相感染的，你有善来，彼有善往，这才能建立和谐、友善、团结、互助的良性互动关系。当你对同事坦诚相待时，同事会认为你是一个值得信赖的人，并且他们也会投桃报李，回馈给你以同样甚至更多的信任和尊重。当同事之间的信任加强时，可以使你和同事在愉快、惬意的氛围中工作，进行更加顺畅的沟通交流，快速解决潜在的问题，进一步提高工作质量和效率，从而形成共赢的局面。

当然，我们讲坦诚相待，并不是要求大家无条件地信任他人、无条件地敞开心扉、无限制地公开思想。应该注意把握好彼此之间的距离感，不要走得太近，也不要离得太远。

季羡林先生曾讲过一句很有名的话：“假话全不说，真话不全说。”诠释了坦诚待人的辩证法。不说假话，就是要坚守不说谎、不骗人的做人底线，本身也是坦诚待人的一种表现。当然，对同事尤其是不很熟的同事，我们也要有选择地说话。把握好分寸，而不是见了谁都全盘托出、毫无保留，这既是保护自己，也是保护别人。

与同事相处也要注意区分对象，毕竟人性是复杂的，每个人的性情、品格并不一样，如果不作考察、不加区别地坦诚相待，有可能对自己产生不利的影响。古人所谓“逢人且说三分话，未可全抛一片心”，这是多少代人总结出来的经验之谈，也是人际交往中很重要的话术技巧。对那些品质不好、城府较深的同事，就不应该一味讲究坦诚；对身边那些口无遮拦的同事，也要有防范意识，他们是单位的“小广播”“大喇叭”，心里存不住话，很容易把本不宜广而告之的私密信息弄成人尽皆知，或许他本人出于无意，也会间接地伤害他人或自己。

第四节 怎么在单位有个好人缘？

人缘，就是一种人际关系，指的是个人与个人、个人与群体的关系状态。具备好人缘，主要指的是一个人在社交环境中受到他人的欢迎和喜爱，拥有良好的人际关系。

好人缘意味着有人乐意与你亲近，无论是在你需要帮助的时候，还是在你有利益诉求的时候，都有人愿意对你笑脸相迎，向你伸出援手。在单位，一个人是否有个好人缘，直接影响到工作、学习、生活顺畅与否，更关系到办事能不能顺利地达到目的。

同在一个单位，干着差不多的工作，为什么有的人如鱼得水，有的人却步履维艰，甚至郁郁寡欢？一个很重要的差异在于是不是拥有好人缘。拥有了好人缘，所到之处都有人帮衬，即便有一些欠缺和不足之处也有人及时提醒，很多难题往往就迎刃而解了。

好人缘是一个人的巨大财富，有了它，事业上会顺利，生活上会舒心。在单位要有个好人缘，以下六个方面值得注意：

⊙ 一是尊重他人

懂得尊重他人，才能被他人尊重。尊重是交往的保障，尊重是相处的基础，尊重是沟通的桥梁。有了尊重，才有平等，才好相处。

孟子说："爱人者，人恒爱之；敬人者，人恒敬之。"这句话说明了尊重他人的重要性。无论和谁交往，都要记住：你对别人什么态度，别人就还你什么脸色。好人缘是敬出来的，同事之间只有相互尊重，才能拥有一个好人缘。

对他人的尊重不能停留在口头上，应该多多注意在交往过程中的小细节。比如：尽量按照对方意见约定见面时间；交往中保持基本的社交礼仪，多使用“谢谢”“请”等敬语；多听少说，不随意打断对方的发言；等等。总之，要通过这些细节，把你的敬意充分地展示出来。

⊙ 二是待人热忱

一般来说，人缘好、办事利落的人，对人都很热忱，与其相处，能给人以如沐春风之感。

其实，待人热忱并不是什么难事。比如一个善意的微笑，一句真诚的赞美，都能得到好的效果。有的人在与不熟悉的人交往时习惯绷着脸，一副毫无表情的面孔，说话打着官腔，让人感觉好像要拒人于千里之外。与这样的人打交道，自然是置身于一种沉闷的氛围中，带着质疑、挑剔的心态互相对待，更不用说搞好关系了，办起事来也很难顺利。

热忱应当出于真情实意，而不是虚情假意，这样才能换来他人的真心。有的人非常虚伪，当面一套、背后一套，这样的人是长久不了的，一旦露出真面目，只会让他的人缘越来越差。

⊙ 三是乐于助人

“雪中送炭人间少，锦上添花世上多。”在困境中得到关怀和帮助，那一刻脆弱的人会当成“雪中送炭”，视帮助者为真正的朋友、最好的同事。

在单位，难免会遇到各种各样的不舒心：或者有个尖酸刻薄、难以应付的领导，或者身边有些明里暗里捣乱的同事，或者不巧碰上一两件挠头的麻烦事。别人困难的时候，你及时给予帮助，也许对你来说只是“举手之劳”，可能会成为他爬坡过坎、渡过困难时期的重要转折。这种时候，如果你放下私心，尽己所能，主动伸出援手，那对方一定心存感激，在你需要帮助时，也一定会投桃报李。

拉别人一把，其实也给自己留下一条最好的退路。不管是想赢得好人缘，还是想办事顺利，你首先要做的就是付出。还需要留意的是，别人的报答应该是自然而然的事情，自己不要主动“挟恩图报”，总是把给别人的帮助挂在嘴边，急切需要回报，那样反而适得其反。

⊙ 四是宽以待人

宽容心态是一种理性和成熟的表现。对他人的忍让和包容，少一些斤斤计较，是维护人际关系和谐的必要前提，也是建立好人缘的一个关键点。

“人上一百，形形色色。”在机关单位，同事可以说是一个多元的文化群体，每个人都有自己的性格、爱好、习惯以及诉求，不可能做到完全统一，有一点矛盾、分歧，发生磕磕碰碰，都是很正常的事情。我们应该以宽容心态理解和包容他人。即便同事做事有一些不妥，除非是大是大非的原则性问题，应该就事论事，大事化小、小事化了。

“水至清则无鱼，人至察则无徒。”如果缺乏宽容心，求全责备，待人过于苛刻，那别人不敢也不愿接近你，人缘自然不会好。

⊙ 五是心存感恩

在单位，每一项工作都离不了同事的支持和配合。如果你在哪一方面取得了成绩，那也是同事们协作配合、共同努力的结果。如果你想要在哪一方面做出新的成绩，也需要同事的协助，绝不是你一个人单打独斗就能够实现的。所以，每个人都应该怀有感恩之心。

滴水之恩，当以涌泉相报。对别人给予的付出和支持，一定不要视为理所当然，而要知道感恩。如果我们能够始终记得别人的好，就不会吝啬给予赞美和感谢，我们与同事的交往一定会变得和谐而融洽。如果我们能够时时处处想着他人，以感恩之心看待他人给予的配合和帮助，做到谦卑为怀，就能够成为他人的好朋友、好同事。

⊙ 六是换位思考

换位思考，是站在他人的角度，考虑问题，体谅对方，学会理解。学会换位思考是我们在人际交往中不可或缺的能力，能让我们更好地与他人建立良好的关系。

我们经常喜欢根据自己的经验指导别人，或者拿自己的标准要求别人，一旦发现别人所做的与自己设想的不一致，就想当然认为别人错了。其实，人们之间的很多争执与困惑，往往是因为大家都只站在自己的角度，从自己出发。你替别人考虑，别人才会为你着想。如果大家都能够换个角度、换个位置来思考问题，很多事情或许顿时就能豁然开朗。

第五节 在机关，该高调还是该低调？

进入体制内，到底应该高调还是应该低调，很多人拿捏不准。

机关的特殊性质，意味着工作要低调内敛、谦虚谨慎、不张扬不炫耀，才显得稳重成熟，如果过于高调，招摇显摆，会引来羡慕嫉妒恨，导致人际关系紧张，不利于发展；但如果太过低调，却又可能展示不了自己，错失很多机会。

我们都知道那句老话："高调做事，低调做人。"

但事实上，事和人是很难分得开的。一方面，事情都是人做的，没有人就做不了事；另一方面，做事是观察人的载体，通过做事才能观察一个人。如果跟一个新人讲，进了机关一定要高调做事、低调做人，估计他仍然懵懵懂懂、不明所以。

其实，古人的话没错，只是我们要看自己所处的阶段，再决定自己应该采取哪种行事方式。有位领导就说："在机关，要看清自己的方位，年轻时候要学会放、学会高调，中年之后就要慢慢学会收、学会低调。"

组织选拔干部的标准，总结起来就两个方面：一是要有能力、足以胜任；二是要稳重，足够成熟。所以，低调和高调并不矛盾，不是非此即彼。既要时时保持低调姿态，保持虚心勤学的姿态，也要适时保持高调，该表现时要表现。

上岸没几年的机关新人，血气方刚、争强好胜、活泼好动，这不是坏事。这正是该高调的时候，一定要高调起来。只有高调，才能把你的学识、技能、才华展示出来，能让你的形象被大家看见、你的声音被大家听见，获得领导和同事的认可。

相反，如果一个人总是默不吭声，凡事畏畏缩缩，即便你很有才华，也很难被领导看到，最终"泯然众人矣"。

⊙ 一是在展示实力时要高调

不可否认，机关是讲规矩、讲服从的地方。受这样的环境影响，有的新人蹑手蹑脚、畏首畏尾、唯唯诺诺，不敢高调、不敢发声，缺乏个性与自我。在职场，你不说话，真的会有人当你是病猫。如果是猎豹，就要展示速度；如果是老虎，就要展示本事。把领导安排的工作干得漂漂亮亮、尽善尽美；在有领导参加的会上，该发表看法一定要说出来，被点到名字时大大方方、逻辑清晰地表达出来。千万不要连连摆手，往后退缩。这是展示你对工作的认识程度、分析能力和思考能力的大好机会。

⊙ 二是在展示才华时要高调

机关组织演讲、文艺会演等这类露脸的活动，都是你珍贵的表现时刻，要好好把握住机会。如果文笔好，可以在领导经常翻阅的报刊上发表些工作宣传稿件。可能你在办公室默默无闻地干了两年，领导还叫不上你的名字，但只要你在某项比赛中拿了名次，或者领导在报刊上看到你宣传本单位工作，领导立马对你的名字“刻骨铭心”。

⊙ 三是在激励竞争中要高调

职场竞争激烈，每个人都使出浑身解数吸引领导注意。一味保持低调，肯定对自己不利。要学会包装自己。自己干的工作，不要不好意思去说，我们不去争别人的功劳，也不能让别人抢走自己的劳动成果。有些新人总是以弱小姿态、谦卑模样、讨好人格处理关系，说话做事没有底气，这样会被领导认为“没魄力”、被同事认为“好欺负”。

这时候不要怕别人的眼光。例如，尊重领导是有礼貌、有涵养的表现，该拎包就拎包，该端茶倒水就端茶倒水，该大方沟通就大方沟通。不要觉得服务领导是逢迎，有“不好意思”“怕别人说闲话”的想法。总之，在面对机会或挑战时，积极争取和把握，不能轻易放弃或退缩，勇于冒险和尝试。

同时，机关的独特氛围，决定了低调才是常态，更占据主导地位。有太多的人，就是因为过于高调，被摔得很惨，这些都是活生生的教训。如果非要给高调和低调划一个比例的话，高调最多占30%—40%，而低调则占60%—70%。

低调做人，是一种谋略，更是一种做人的智慧。《菜根谭》中说：“君子要聪明不露，才华不逞，才有肩鸿任钜的力量。”一个人不管有多少聪明才智，也要像稻穗一样，懂得低下头，收敛自己的锋芒。这样不仅能保全自己，也是在暗蓄力量。

“深水不响，响水不深。”在机关这个卧虎藏龙的地方，很多人深藏不露，大智若愚，为实现目标，他们往往会做到含而不露，隐而不发，一直在那里蛰伏，直到机会出现一鸣惊人。这正是高明之处。

⊙ 一是在回味过往时要低调

每个人都有几件值得显摆的事迹。但好汉不提当年勇。机关最大的忌讳就是张狂，张口闭口“想当年”。千万不能自命不凡、自视清高，认为别人暮气沉沉，水平不行。有的新人自认为名牌大学毕业，扬扬自得、忘乎所以，进了机关瞧不起这个、看不惯那个，刚入职俩月，就毫不客气地提意见。这就是过于高调了。

⊙ 二是在春风得意时要低调

可能有那么几年，你工作成绩确实棒、运气也比较好，顺风顺水，一时荣誉、职务、职级、鲜花、掌声纷至沓来，让你处在舞台中央，在镁光灯照耀下，春风得意，耀眼无比。

但“木秀于林风必摧之”，花无百日红。千万不要在吹捧中飘飘然，忘乎所以，觉得自己年轻有为，锋芒毕露、恃才傲物，认为单位这点小事自己全能搞定，觉得自己能力比别人强、职务比别人高、发展前景比别人好，说话、办事随时透露出不屑与傲慢。要知道，机关内走得稳要比走得快更重要。要想稳，就一定要低调。

⊙ 三是在羽翼未丰时要低调

如果你是机关新人，你的能力还不是很突出，对单位规则还了解不多的时候，只能选择虚心、谨慎和低调。例如，见到领导自然要尊重，见到同级别甚至低级别的机关前辈，也要表示出尊重；在接打电话、接受指使、请教询问这些小事细节上，要处处表现出谦虚；不要急于发表你的“高见”，更不能多嘴多舌。

如果半瓶醋非要来回晃荡，在羽翼未丰时选择高调，显摆自己高明，会让他人感到不舒服，失去他人的信任，甚至被集体孤立。

可见，高调代表智商，说明你自信果敢、敢于挑战，有助于展示自己的价值、能力，更好发挥自己的潜力；低调代表情商，说明你谦虚谨慎、心态平和，有助于更好与人和谐相处，规避风险，在旷日持久的职场竞争中走得更稳健更扎实。

学会高调，你会一次比一次优秀；学会低调，你会一次比一次稳健。

本章小结

难的不是工作本身，而是人际关系

- **建立融洽的同事关系**
  - 以诚待人、投桃报李：坦诚相待，祝贺同事成绩，帮助同事解难；把握距离感，说话有选择、讲分寸；不同人群，区别对待，增强防范意识，避免伤害他人和自己
  - 互相“补台”、积极配合：从整体利益出发，齐心做好工作
  - 见贤思齐、虚心拜师：树立“君子之争”，主动向优秀同事看齐
  - 自我控制、稳住心态：冷静沉稳，理智对待，退一步海阔天空
- **热爱单位，以单位为家**
  - 认真学习：学习单位历史，学习单位同事，学习如何开展工作
  - 展示自我：做一个有准备、能吃苦吃亏、脚踏实地的人
  - 并肩作战：要有团结协作的精神、与单位荣辱与共的情怀、勇于任事的责任意识
  - 善于区分：区别工作和生活，把个人生活和工作关系处理好
- **如何有个好人缘？**
  - 尊重：注意交往细节：有时间观念，保持基本礼仪，多听少说
  - 热情：真情实意，用微笑和赞美营造好气氛
  - 帮助：别人处于困难时，及时给予帮助，不能“挟恩图报”
  - 宽容：发生矛盾、分歧，应以宽容心态理解和包容他人
  - 感恩：对别人的帮助和支持，知道感恩，不吝赞美和感谢
  - 换位：将心比心，多站在他人角度，考虑为题，理解他人
- **高调 or 低调？**
  - 该高调时要高调
    - 展示实力：领导安排的工作，干得漂漂亮亮；领导参加的会上，勇于发表看法；点到名字大大方方、逻辑清晰地表达出来
    - 展示才华：把握演讲、文艺会演等机会，在领导经常翻阅的报刊上发表工作宣传稿件，让领导记住你
    - 激励竞争：包装自己，自己的工作主动说，有“眼力见儿”，积极主动服务好领导
  - 低调才是常态
    - 回味过往：不对过去取得的成绩沾沾自喜
    - 春风得意：不要在吹捧中飘飘然，忘乎所以，行稳才能致远
    - 羽翼未丰：尊重他人，谦虚谨慎，多听少说

第十章

远离“小圈子”

同事之间既有合作共事的一面，也有相互竞争的一面，很容易产生利益上的冲突。有人以为同事在一起打交道久了，就成了朋友，却不知道人心隔肚皮，你把别人当朋友，别人却不一定把你当知己，即使平时大家相处得好，一旦有了利益冲突，也很难保证每个人都能经得住各种利益的诱惑。

首先要注意保护个人隐私。在与同事的交流中，时常会涉及家庭私事的闲谈，要随时提醒自己，应该避免自己的家庭私事成为同事们茶余饭后的谈资，保持沉默是此时的明智之举。比如，感情状态、家庭里的矛盾等，都是你最柔软的地方，也很容易成为别人攻击你的武器。如果随意暴露，必然会给之后的工作和生活埋下隐患。

其次要注意保守工作秘密。保守秘密是机关人员应具备的基本素养。很多工作秘密只能由知悉范围内的人员知悉，对不属于知悉范围的家人、亲朋好友及其他无关人员，即使是本单位的同事，如果与他们谈论，也是违反保密规定、擅自扩大知悉范围的违规行为。

此外，有的事项虽然不属于国家规定的秘密事项，而是你职责范围内暂不宜公开发布的敏感信息，或者领导与你个别谈论相关工作的内容，也应注意守口如瓶。

当然，还要注意，不要在背后吐槽领导，说领导坏话。记住你说出去的每一句话，都会被那个人知道。

⊙ 三是慎言财物，切忌“金钱往来”

常言道：“如果你想破坏友谊，只要借钱给对方就行了。”同事之间是合作与竞争并存的关系，如果在经济往来上再掺杂不清，无疑会让同事关系更加复杂。

从道理上来讲，同事之间互帮互助是应该的，但现实中因随便借钱、借物而产生同事之间矛盾的例子数不胜数。有的同事不管与别人熟悉不熟悉，很贸然地就开口借钱，有的还迟迟不还，在同事中造成很不好的影响。

有的同事平时很不注意，把别人的东西拿过来就用，似乎别人借给他东西是应该的；还有的只借不还，不经催讨一直用着，更有甚者，还把借来的东西又转借他人。这些都是很不好的习惯，久而久之自然会影响同事之间的关系。

因此，同事之间要谨慎对待财物方面的纠纷，尽量避免同事之间的借钱、借物问题。如果遇到同事开口，也要妥善处理，以免因小失大，把小事变成大问题。

第二节 学会拒绝

在古代，骆驼是阿拉伯人生活不可缺少的一部分，所以很多阿拉伯故事都与骆驼有关。其中，“骆驼进帐篷”就是流传很广、寓意很深的一个小故事。

深夜，骆驼把脑袋探进主人的帐篷说：“主人，外面太冷了，让我把脑袋伸进来吧。”主人同意了。稍后，骆驼又说：“让我把两条前腿伸进来吧。”主人又同意了。最后，骆驼全身挤进帐篷，还一脚把主人踢了出去。

这个故事提醒我们，要警惕那些得寸进尺、贪得无厌的人，如果不能守住底线，而是一味无原则地容忍退让，早晚会被他们逼到退无可退的境地。

机关工作中，也会遇到像那头骆驼一样“得寸进尺”的人，他们把使唤别人、侵占别人、利用别人看作理所当然的事。如果你好心帮他一次，他们可能会认为你软弱可欺，一步步地提出更多、更过分的要求。很多人特别是初入机关的年轻人，一开始不好意思拒绝，觉得迁就一点也没有什么，同事就应该互相帮助嘛！结果自己的付出换来的不是感激，而是越来越多的琐事、杂事，最后给自己招来很多麻烦，搞得自己很烦恼。

小 A 是一个不善于拒绝的人。他有个同事经常把应该自己承担的任务交给小 A 做，即使一些稍微动点脑子就可以解决的事情，也不愿意自己动手。久而久之，这位同事不仅工作问题，甚至生活问题也让小 A 帮忙，挤占了小 A 大量的时间和精力。虽然小 A 工作非常辛苦，经常加班加点，但由于事务太多，疲于应付，小 A 的工作乏善可陈，还受到领导的批评。

拒绝别人的恐惧心理从哪里来？为什么明明自己很辛苦、很烦恼，还要硬忍着，不敢理直气壮地拒绝呢？

⊙ 一是心太软

轻易不愿意拒绝别人的人，很大一部分是心地善良、乐于助人的人，并且也容易把别人想成和自己一样。这种人往往把帮助别人视为天经地义的事情，在接到别人求助的时候第一反应不是拒绝，不是去深究该不该、值不值，而是尽己所能去帮助别人。

⊙ 二是想太多

难以拒绝别人，有些人担心拒绝会给自己带来更多伤害，在想象中把拒绝的后果扩大化了，从拒绝一件事情联系到更多的事情。比如，他们会这样想：“我这一次拒绝了他要求的事情，他一定会认为我不给面子，以后可能就对我不好了。”

俄国作家契诃夫的短篇小说《小公务员之死》所写的就是因为一个喷嚏而联想太多的故事，记述了一个小公务员在剧院看戏时不小心冲着一位将军的后背打了一个喷嚏，之后他的恐惧不断放大，三番五次找将军道歉，反而惹怒将军，竟然被吓得一命呜呼了。

⊙ 三是没自信

用“不拒绝”来获得他人的认可，维护工作或人际关系的良好互动，这是一种弱势的心理，也是没自信的表现。自信的人相信自己的能力，知道自己的价值所在，能通过自己的工作赢得领导的器重和同事的认可，不需要讨好任何人。如果有了这样的信心和底气，在面对那些得寸进尺的人时，就会站在自己的立场上判断是非对错，勇敢地表达自己的态度，保护自己的利益，决不会轻易中招，被别人所利用，成为别人的“工具人”。

⊙ 四是没底线

与人相处的时候，忍让和宽恕是一种美德，但是必须把握住一定的限度。在无关紧要的小事上不必斤斤计较，但在原则、纪律、利益等问题上绝不退让，这是同事关系的底线。如果没有底线地顺从别人，以牺牲根本的东西换得一时的苟安，很容易被认为是一个窝囊无能的人，是个“受气桶”，最终在单位也不会有什么好的发展。

如果克服了心理上的障碍，拒绝其实并不是什么难事，有很多办法可以让你尽可能地避免拒绝别人所带来的尴尬和不适：

1. 拖延时间

如果感觉同事的要求不合理，又觉得当面拒绝太生硬，可以先告诉对方你需要考虑一下或者稍后再回复，这样可以让你有更多的时间来思考如何拒绝，并且通过拖延的办法来降低对方的心理预期，等你考虑好了，就找个便于对方接受的借口拒绝掉。

2. 找人推脱

如果你不想直接拒绝对方的要求，可以找一个借口或者找一个朋友来帮你推脱。比如，同事要蹭你的车上班，你可以说：“对不起，今天女朋友让我去接她，还有一点事情，不和你一路了。”或者说：“对不起，我有一个好久没见的大学同学今天要来，我先去和同学见个面。”如此等等，这样三番五次以后，同事蹭车的念头就会打消了。

如果同事交给你一项任务，你也可以说：“很不巧，刚刚领导让我做一个报表，要求很急的，和你的时间刚好冲突，这个事你再想办法吧。”

3. 放低身段

遇到同事安排你职责以外的工作，可以主动示弱，表明自己确实无法胜任这个任务，即使勉强接手，有很大可能会把事办砸了。比如，可以说：“不是我不愿意帮助你，只是这个方面我真是个门外汉，一点也不懂，如果边学边干，出了差错对你对我都不好。”话说到这个份上，一般情况下同事就不会再勉强了。如果还执意交给你，你可以继续以“不懂不会”为由坚决拒绝。

4. 实情相告

面对无理纠缠的人，你可以明确告诉对方你目前的工作量很大了，无法再承担更多的工作任务，让他们明白你的实际情况，并且表达不能帮助的歉意。如果对方能够善意地理解，那就皆大欢喜，你既宣传了自己，又拒绝了对方。

5. 婉言相拒

对一些不好直接拒绝的事情，最好的处理方式是学会迂回，用委婉的方式拒绝。当别人向你提出要求的时候，不要直接作出反应，可以作出聆听的状态，绕开实际性的问题不谈，好像不明白对方的意思。但闲话不闲，实际上是在委婉中拒绝对方，让对方知难而退。

第三节 不当“显眼包”

在互联网社交语境下，“显眼包”可以算得上近年来的一个热词。国家语言资源监测与研究中心发布的2023年“十大新词语”，“显眼包”名列其中。

按照发布解读，“显眼包”体现了互联网文化的开放性和包容性，为网络世界增添了更多活力和色彩。

顾名思义，“显眼包”通常用来形容一个人或者事物非常显眼、引人注目，甚至有些过于张扬或炫耀。与以往流行的“搞笑”一词不同，“显眼包”这个词的重点在“显眼”，在搞笑之外，更多了一种在一群正常严肃的人中间，要宝要得很突出、很出风头的意思。

打开各类社交媒体，“显眼包”无处不在：娱乐圈“显眼包”、穿搭界“显眼包”、拍照界“显眼包”……可以说每一行都有每一行的“显眼包”。

这些“显眼包”，或活泼大方，或优雅可爱，或耍酷搞怪，大都是以一种特立独行、夸张显眼的方式，赢得人们的广泛关注，成为人群中最耀眼的那颗星，在现代快节奏的紧张工作和生活中，给人们带来了很多轻松快乐的感受，很受大家的喜爱。

在机关一些单位，总有这么一两个“显眼包”。有的年轻干部为了获得领导和同事的关注，通过一些张扬、浮夸、表演的方式表现自己，到处上蹿下跳，大呼小叫，随时看到他的身影，好像全世界就他最能干，就他水平高，结果往往适得其反，成为备受他人反感的“显眼包”，不仅影响个人的形象和发展，还会给单位带来负面的影响。

之所以出现这样的情况，从根本上看，是因为机关与网络环境及社会上其他行业之间具有文化差异。众所周知，对私权力来说，法无禁止即可为；对公权力来说，法无授权不可为。与社会上的人们相比，机关工作人员承担了更多的责任和义务，并不能随心所欲地说话做事。

从网络和社会上其他行业的角度，大家对“显眼包”的包容和喜爱，在于他们在活跃气氛时的分寸感，拎得清场合和对象，适度调侃，而不是不合时宜地炫耀优越感、显摆。

而在机关，对工作人员的要求上更讲究稳重得体、谦虚低调。实事求是、中规中矩、行止有度是第一位的。不出格、不标新立异是公务人员履行职责应具备的基本素质。真正的实力和能力是无法通过炫耀和张扬来获得的。一个优秀的机关人员，会更加注重自己的内在修养和品质提升，而不是过分追求表面的虚荣和炫耀，采取非常张扬、出风头的方式吸引别人的注意。

尽管如今“显眼包”的褒扬意味明显，原本所带有的嫌弃意味已经逐渐消解，但在机关当一个“显眼包”仍不是一件被领导和同事喜爱的事情。

那么，年轻干部如何避免成为“显眼包”呢？

⊙ 一是勤学好问，多练内功

俗话说：“一瓶不动半瓶摇。”在一个单位，越是素质不高、修养不深、业务不精的人，越是容易浮夸、显摆，真正有实力、有底气的人往往都表现得沉稳、低调。年轻干部学历越来越高，但也要树立“终身学习”的理念，坚持“干一行、爱一行、钻一行”，在工作中持续学习。要懂得向书本学、向同事学、向群众学，更要“学做合一”，在学习中实践、在实践中感悟、在感悟中磨炼，不断充实自身、提高水平。

新时代机关工作需要更多善学习、懂业务、能创新的高素质人才。年轻干部应当摒弃那种虚浮、张扬、急躁的作风，而以深厚的学养、过硬的能力赢得领导和同事们的关注和认可，在实实在在的工作中找到施展才华和本领的广阔舞台。

⊙ 二是求真务实，脚踏实地

空谈误国，实干兴邦。那些浮夸、表演式的“显眼包”与机关工作“崇尚实干”的作风要求是格格不入的。年轻干部有想法，有创造力，善于提出新办法，但要树立“绝知此事要躬行”的意识，防止“纸上谈兵”，真正扑下身子，深入一线，下到车间码头、田间地头，把好的规划和想法付诸行动，在实践中进行检验。

如果不能与实际紧密地结合起来，只满足于夸夸其谈，沉浸于坐在办公室里天马行空、凭空想象的“空中楼阁”，虽然一时看起来很美，但一定会成为领导和群众十分反感的“显眼包”。

⊙ 三是谨言慎行，不事张扬

在当今追求个性、崇尚自由的时代，每个人在不违反法律、不损害他人的前提下，可以尽情地张扬个性。但对于公务人员来讲，不管是在单位还是在其他场合，是工作时间还是“八小时以外”，你的一言一行不仅仅代表你个人，也直接代表机关的形象，应该自觉成为社会风气的引领者和示范者。同时，要时刻保持低调、内敛，不事张扬。不能处处显摆自己的“能力”，炫耀个人的“业绩”，吹嘘自己的“功劳”。在机关，当“楞头青”“显眼包”，只能让同事嫉妒、反感，另眼看你。

稍作盘点，可以找到很多机关干部因言行不检而成为“显眼包”的例子。例如，某地某部门一领导干部在新闻发布会上，因穿戴奢侈品引发网友广泛关注。类似例子数不胜数，如果处理不好，很容易给单位和个人造成不良影响。

当然，年轻干部不当“显眼包”，并不是说不能有自己的思想和个性，只能按照“老一套”行事，什么创新事都不能做、什么创新话都不能说。只是说，工作中要时刻保持谦虚谨慎的态度，做人处事要实事求是、脚踏实地，懂得什么话该说、什么事该做，该争取的时候还是要争取，该表现自己的时候还是要表现，这样才能在竞争中脱颖而出，成为一个真正有实力和能力的人。

第四节 一开始就要避免“油腻”

在机关中，随着年龄、经历增长，有些人变成了“油腻干部”。

所谓“油腻干部”，指一些精通人情世故，说话做事油滑讨巧，善于见风使舵的官场投机者。这类干部往往不会在工作上苦干实干，但习惯于看人眼色行事，投其所好讲话，处处留下一个好印象，不会轻易得罪人，又能得到诸多利益，可以说好处捞尽、实绩全无。

过去说“油腻干部”，主要是那些长期在机关工作，年纪偏大、资历偏老的中老年干部，精神状态滑坡，工作劲头衰减，成为领导无奈、群众批评的“老油条”。当下“老油条”问题还未彻底解决，又出现不少“小油条”。有的年轻干部沾染上“老油条”的不良习气，表面看似情商高，实则如水中的“泥鳅”，圆滑世故、左右逢源，成天费尽心机钻研“潜规则”，遇事就打“太极”、踢“皮球”，躺平摆烂、错误不犯，让人束手无策。

2023 年新华社旗下的《新华每日电讯》刊发了一篇题为《“小油条”要不得》的评论文章，给“小油条”们画了一幅很逼真的群像。

有些干部虽然年龄不大却世故老到，虽然工作时间不长却深谙职场“潜规则”。他们自认为“活得明白通透”，常常逃避困难、拈轻怕重，或拒绝担责、敷衍应付，不求上进但求“舒服”。他们中有的奉行“事不关己高高挂起，事若关己必须一起”，很会规避风险、逃避责任；“容易的、有利的抢着干，麻烦的、无利的绕着走”；“求稳”在先，“干事”在后，很会自我保护、明哲保身；“热情礼貌，但一问三不知，尊重感谢，但一概不负责”；“分内的事拖着干、分外的事哄着干、加班加点的事则免谈”；对“烫手山芋”“打太极”“踢皮球”；等等。

“油腻干部”之所以被称为“油腻”，主要有两大特点：

一是“油”。这类干部往往说话上油嘴滑舌，不把心思真正放在钻研业务上，对工作自然没有什么真知灼见，但不管什么事情，却总能讲一大堆废话、套话，没有重点，没有思路，也缺乏针对性，对完善工作毫无益处。

二是“腻”。这类干部习惯“看人下菜碟”，讲话往往颇具拉拢能力，让人听了像喝蜂蜜一样高兴，心里十分舒服，但回过头来仔细品味，又什么实质性的内容也没有。

一些干部热衷当“油腻干部”，无外乎是看中其两大好处：

一是不做事不担责。由于自己不表态，不做事，即使出了问题，也与自己没有多大关系，反而自在地过舒服日子。

二是不讲话得罪人。这类干部都是选择性讲好听的、顺耳的，因人而异投其所好，自然能给众人留下很懂事、会处事的“好印象”。

本质上,“油腻干部”是官场上不担当、不尽责、不愿得罪人的新式“老好人”，具有很强的传染性和破坏力。

为了防止年轻干部“油腻化”，从单位的角度讲，一靠教育、二靠制度，对“小油条”现象决不能掉以轻心，坚持严管厚爱，管在平常时，管在萌芽时，管在起步时。

从干部自身的角度讲，年轻干部本应该在朝气蓬勃的年纪，在扣好为官从政和人生第一粒扣子的时候，却沾染上这些不良习气，带上了负能量，对此必须早发现、早治疗，下猛药、出实招，主动“控油”“去油”“防油”，成为干部队伍的“清澈溪流”“清新空气”。

⊙ 一是坚定理想信念

理想指引人生方向，信念决定事业成败。年轻干部要把“不忘初心、牢记使命”的政治责任扛在肩上，注重养成学在经常、学在自觉的好习惯，不断修炼自我，筑牢信仰之基，补足精神之钙，远离“左右摇摆、浑浑噩噩”，从源头上“控油”。

⊙ 二是坚持担当作为

干事担事，是干部的职责所在，也是价值所在。组织把干部放在各个岗位上是要大家担当干事，而不是做官享福。如果以为机关工作一劳永逸地解除了后顾之忧，不担当作为，既贻误事业，也贻误自己。年轻干部必须冲破“躺平摆烂、不思进取”思想，锤炼“能扛事”的肩膀，遇到问题不回避、遇到困难不退缩、遇到矛盾不躲闪，真正把经历变成经验，把阅历变成能力，在敢闯敢试、舍我其谁、只争朝夕的实干中成功“去油”。

⊙ 三是坚守底线思维

年轻干部要想走得长远，必须坚守纪律底线，遵守纪律规矩，自觉抵制诱惑，远离围猎陷阱，远离“心存侥幸、放松警惕”的思维。要洁身自好，主动审视自我言行，绝不放松对自己的要求，做“拿得出、顶得上、靠得住”的年轻干部。

第五节 有力有理有节，剥离讨好型人格

心理学研究发现，有的人特别在意别人的看法，为了满足别人会轻易放弃自己的个性、观点和底线，而无原则地取悦他人。久而久之，就会形成一种讨好型人格，也被称为依赖型人格或顺从型人格。这是一种以他人

的需求和期望为中心，过度追求他人认可和接纳的心理特征。

如果一个人在工作生活中经常有以下体验，很可能具有讨好型人格：

与人交往时小心翼翼，担心冷场尴尬；
想要不断照顾别人的情绪，花费大量时间，非常疲惫；
表现出“故作的谦卑”，在人前将自己的所有情绪都隐藏起来；
从来没有和人吵过架，完全无法做到拒绝别人；
处处放低自己，去做让对方开心的事；
责任心强，经常不自知地超时工作；
想要被越来越多的人评价为“你这个人真好”；
……

讨好型人格是一种普遍存在于社会中的心理现象。这种人格的产生，是家庭、学校、社会等多方面因素共同作用的结果。

⊙ 一是家庭环境的影响

讨好型人格的形成与一个人的家庭环境有很大的关系。在家庭中，如果父母经常批评孩子，或者强迫要求孩子做一些他们极不愿做的事情，孩子在家庭中没有感受到父母“无条件的爱”，就会通过迎合父母的期望来获得认可和喜爱。当这种迎合的行为逐渐形成习惯时，孩子很容易形成讨好型人格，与他人交往时就会表现出讨好的行为。

⊙ 二是学校教育的影响

学校教育是孩子成长过程中的重要环节。在这个环节，孩子们开始走出家庭，学着面对并逐渐适应不一样的环境。老师通常会对表现好的学生进行表扬，然而，这些表扬也可能会让学生迎合老师的意愿，成为讨好型人格。

⊙ 三是社会环境的影响

社会环境也是形成讨好型人格的重要外因。在现实生活中，我们会发现一些人很喜欢与别人交往，希望获得别人的认可和赞扬。这种心理状态会影响到其他人，让他们也开始学会讨好他人，以便在社会上获得更多的好处。

⊙ 四是个人因素的影响

一个人形成讨好型人格，内因是决定性的因素。有些人天生比较内向，不太擅长与人交往，或者在身体、外貌等方面有不便与人交往的不利因素。在这种人中，有的存在较强的自卑心理，容易采用讨好的方式来获得别人的认可和接受。

在机关，注重思想统一、行动一致，下级服从上级，“新人”遵从“老人”，更容易出现讨好型人格的干部。有的年轻干部刚刚参加工作，资历浅年纪轻，害怕得罪人也害怕被否定，往往“不敢反抗”，压制自我需求，去讨好领导或年长的同事。

比如，领导分工的时候，大家都不想做的事，如果同事明确不做，自己便不再发声，选择默默接受这项工作，怕和同事有争执，让对方产生不愉快。

又如，经常接受分外的工作，做了本来应当由别人负责的取件送件、审核校对、排版打印等繁杂事务，有时连本职工作都忙不过来，宁肯自己加班加点地干，也不敢于表达拒绝。

再如，对方说话口气不好，虽然感觉被冒犯，但还是假装自己不介意，继续努力维持“融洽”的氛围，不敢得罪对方，单方面努力维持和对方的“良好”关系。

表面上看，这样的做法有助于减少矛盾和冲突，可以更多地得到认可和接受，营造和谐的人际关系，实则这是一种假象，短暂的虚假繁荣，讨好型人格对年轻干部的成长危害极大。

其一，个人方面。具有讨好型人格的人往往降低自我价值感，容易产生焦虑和抑郁，而这种焦虑可能会导致较强的压力感和疲惫心理，甚至发展为抑郁症。一个人如果失去自信，感觉自己的所作所为都没有什么价值和意义，那就谈不上什么发展了。

其二，人际关系方面。讨好型人格的人往往在人际关系中扮演被动的角色，容易失去自我，缺乏自我表达和沟通的能力，被别人利用和伤害，也难以形成健康稳定的人际关系。

其三，工作方面。讨好型人格的人往往会过于迎合别人的需求，缺乏领导能力和决策能力，无法主动自我推销和展现自己，自然会影响在工作中的表现和职业发展。

要想改变讨好型人格不是一件容易的事情，需要长时间有力、有理、有节的努力。可以从下面几方面努力尝试：

⊙ 首先，需要转变心态、增强自信。

你要不断告诉自己，你已经通过自己的努力入职机关，你的实力和能力已经在之前的一轮轮艰苦的竞争中得到了充分印证，没有必要唯唯诺诺地讨好任何人。要树立起自信和自尊，相信自己有足够的实力和能力应对任何情况。

⊙ 其次，注意行为举止、保持气场。

你的行为举止会影响到你的心态和形象，要保持挺胸抬头的姿态，坐姿端正，站姿稳健，增加你的气场和魅力。在与人交流时，要大方地表达自己的看法和意见，不要卑微或者过于谦逊，也不要盲目附和他人的意见。

⊙ 再次，明晰做事底线、切勿越界。

在工作中，要认识清楚做事的底线和规则，知道哪些事情可以做，哪些事情不能做。不要责任心过剩，揽下过多的任务和工作，也不要没有界限去帮助别人。这样不仅可以避免自己遇到麻烦，还能保护自己的利益。

⊙ 最后，学会控制情绪、三思后行。

不管遇到什么事情，一定要保持冷静和理性，不要让冲动情绪左右自己的行为和决策，凡事三思而后行。决策前要做好利弊分析，既充分考虑有利的方面，更要考虑清楚不利的方面，不要急于决策或者盲目行动。要学会独立思考，不要太过在意别人的看法和评价，广泛调研、充分征求意见是必要的，但决不可盲从。

本章小结

- 远离“小圈子”
  - 君子之交淡如水
    - 把握分寸：切记祸从口出，该说的说，不该说的坚决不说
    - 守住底线：个人隐私、工作秘密、敏感信息要守口如瓶，不要背后议论领导
    - 慎言财物：谨慎对待财物纠纷，避免借钱、借物问题
  - 摒弃“老好人”
    - 不懂拒绝，换来的不是感激，而是越来越多的琐事、给自己找来很多麻烦
    - 不敢拒绝大体是因为心太软、不好意思，想太多、放大伤害，没自信、怕得罪人，没底线、一味顺从
    - 如何学会拒绝
      - 拖延时间：需要考虑或者稍后回复，降低对方心理预期
      - 找人推脱：找其他借口表明时间冲突，无法兼顾
      - 放低身段：表示自己能力有限，无法胜任
      - 实情相告：告知对方目前工作量大，无法承担更多工作
      - 婉言相拒：避重就轻，让对方知难而退
  - 不当“显眼包”
    - 加强学习、提升能力：善学习、懂业务、能创新，培养深厚学养、过硬能力
    - 深入一线，脚踏实地：崇尚实干，扑下身子，深入基层，把规划和想法付诸行动
    - 谨言慎行，低调内敛：不显摆能力，不炫耀业绩，不吹嘘功劳，时刻保持谦虚谨慎
  - 拒绝“油腻”
    - 何为“油腻”：一是油，油嘴滑舌，工作没思路、没重点、没针对性；二是腻，讲话让人心里舒服，但没有实质性内容
    - 如何避免年轻干部“油腻化”
      - 单位：教育、制度
      - 干部自身：坚定理想信念、加强学习、修炼自我；坚持担当作为、敢闯敢试；坚守底线思维、遵规守纪、洁身自好

本章小结

- 远离『小圈子』
  - 剥离“讨好型人格”
    - 形成原因
      - 家庭：父母经常批评孩子、要求孩子做不愿做的事，缺爱
      - 学校：为获得表扬，迎合老师
      - 社会：以获得别人认可追求更多好处
      - 个人：因自卑心理，以讨好获得别人认可
    - 危害
      - 个人：自我价值感降低，易焦虑、抑郁
      - 人际：失去自我，缺乏自我表达和沟通能力
      - 工作：缺乏领导和决策能力，影响表现和发展
    - 如何改变
      - 转变心态：树立自信和自尊，相信自己能力
      - 注意行为：保持昂首挺胸姿态，大方表达意见
      - 明晰底线：不做越线之事，拒绝责任心过剩，学会拒绝
      - 控制情绪：冷静理性，分析利弊，三思而后行

PART

出 彩 篇

第十一章

做最闪耀的自己

第一节 一招鲜，就能吃遍天吗？

“一招鲜，吃遍天”是民间耳熟能详的谚语。“一招鲜”与“吃遍天”相伴相随，互为因果。“鲜”是前提,“吃”是结果，有了自己的独特、特色、绝活，才能享受红利。

老人常说 :“荒年饿不死手艺人。”一个人要在社会上立足，必须掌握一门手艺，这样就可以凭本事吃饭，不至于看人脸色。

淄博有家网红烧烤店，名气很大，一条街上大大小小的烧烤店十多家，就这一家最红火，甚至邻市、邻省的游客都慕名而来。有人问烧烤老板 :“为什么别家的烧烤店没有你们的效益好？”老板回答 :“我有一招鲜。”

在相声界，德云社堪称翘楚。在一次节目中，郭德纲讲道 :“一个人一碗饭，端好了就足矣。”这也是他对自己相声艺术“一招鲜”的感悟。

“一招鲜吃遍天”，这是古今中外都认可的道理。

唐朝魏征的一招鲜是直言进谏，辅佐唐太宗创造了“贞观之治”，他被誉为“千古诤臣”。

宋朝王安石的“一招鲜”是变法改革，他被列宁誉为“中国十一世纪的改革家”。

清朝曾国藩的一招鲜是“结硬寨、打呆仗”。他认为，贤能、忠勇、侠义、宽厚、仁德等品德和素质都是一技之长，“凡有一长一技者，断不敢轻视”，在家书中一再担心家人“唯恐不专”。

奥地利作家茨威格在评价法国作家巴尔扎克时说 :“一个人如要伟大，必须集中精力于一个目标，而不是自我消耗，分散在各种欲望中。”

意思相近的还有一句话："不怕千招会，就怕一招精。"也就是"你无我有、你有我特、你特我优"。引申到职场上，就是在工作中多才多艺、什么都会一点固然令人钦佩，但如果能拥有一项超出别人的专业能力，一定能鹤立鸡群，成为佼佼者。

白岩松曾说："一个人的价值、社会地位，和他的不可替代性成正比。"外面这样，在机关也是这样。

⊙ 其一，"一招鲜"可以让你安身立命

现在考公的热度还没有退去的迹象，原因就是"金饭碗"意味着稳定和体面，抓住"金饭碗"，就能高枕无忧，于是有的人一上岸，便沉迷于安逸稳定的生活，放弃了自我能力的提高。

在机关，有了一技之长，你就不会被随意抽调。单位有外派的任务，如果你会写材料，领导肯定不会考虑把你派过去；如果你在关键岗位上不可或缺，遇到那些谁都可以干的杂活，领导就不会再安排你。

没有一技之长傍身，没有自身实力打底，随便一个浪花就能打破这种平静。当压力的潮水袭来，你的一技之长，就是你的救生圈。

⊙ 其二，"一招鲜"可以让你有更多机会

这个时代充满竞争，也机遇不断。每个人都有机会，但是并不是所有人都能在机会到来的时候牢牢抓住。有了一技之长，才意味着你有更多的机会。

在机关中，如果能有某方面超出他人的才能，让领导印象深刻，那发展前景一般都不会很差。

例如，你的文字水平高，是机关大手笔，材料超出其他同事好几个段位，那领导肯定要重用你；又如，你的组织协调能力强，处理事情面面俱到，考虑问题细致全面，想领导之所想，急领导之所急，超出同事好几截，

那领导同样会重用你；再如，你的口头表达能力强，吹拉弹唱样样精通，远远优越于那些没有任何文艺特长的同事，领导也一定会重用你。

无论机关内外，都需要在自己擅长的领域不断地学习，持续精进。你多去掌握一点东西，就比别人多出一点可能性。当你能完成别人做不到的事情的时候，机会自然就会主动地找上你。

但同时还要看到，在机关“一招鲜、吃遍天”有时候反而是不灵的，恰恰给自己套上了枷锁。机关工作不像理工农医那么高精尖，机关内的“一招鲜”，往往有时候显得成色不足。它的专业性没那么强，谁都可以干，没有谁不可以替代。

以机关写材料为例。其实，写材料是个“变数”很大的行当。材料界没有“常胜将军”，没有“永远的神”，没有“一劳永逸”的功夫，没有“放诸四海而皆准”的写法，没有谁能“一招鲜、吃遍天”。哪怕你是久经沙场的“老笔头”，也哪怕你是阅人无数的“元老”，尽管你的材料一度深受某个领导欣赏，只要换一个新领导，就面临新的考验，因为每个领导都有自己的风格，尤其是讲话稿。古人说：“文无定法。”想靠写材料一直红下去，是比较难的。

如果过于笃信“一招鲜”，只关注于一点而不及其余，那就很可能形成了“木桶效应”：一只木桶能装多少水，不是由最长的木板决定的，而是取决于最短的一块木板。

可见，在机关，一招鲜，并不能吃遍天。这种情况怎么破局？

⊙ 一是做综合型干部

机关人员不能拘泥于一项专长，要做到每项工作都可以干好，每个岗位都可以胜任，开口能讲、提笔能写、问策能对、遇事能办。就像某地提出的要做“十字型”干部：有的干部学习比较广博，各个领域知识都懂一点，那是“一字型”干部；有的干部在这个基础上，专业领域研究得比较深，那是“T字型”干部；有的干部则能冒尖并有创新，那就成了“十字型”干部。

⊙ 二是不断冲破舒适区

机关工作重复性、规律性、程序性很强，工作一段时间之后，即便没有一技之长，也基本可以不出差错地完成工作。所以很容易产生舒适区，让人不思进取。每个人都有惰性，离开舒适区并不容易，但对个人发展非常不利。这就需要我们不能躺在过去的功劳簿上睡大觉，而要制定小目标，找到改变的理由，制订行动计划，逐步跳出舒适区。

⊙ 三是树立创新思维

“一招鲜”容易让人故步自封、因循守旧，被自己的一技之长遮住眼睛。时间一久，按部就班、循规蹈矩、平衡左右的思想就占领头脑。谋划工作不敢想、不敢为、不敢越雷池一步，抓落实“上下一般粗”“依葫芦画瓢”。这时候就要跟随形势主动审视自己的一技之长，跳出“一亩三分地”、跳出“自家池塘游泳”，敢于发出质疑和挑战的声音，“不唯书、不唯上、不从众”，另辟赛道，在打破和重组中积蓄创新的力量。

第二节 心浮气躁、乱换频道注定走不远

有一个很多年前的看图作文题目：

题目是一幅漫画，画着一个工人，他戴着一顶大帽子，嘴里叼着烟，手上拿着一把大铁铲，昂首挺胸地走着。在他身后，四五个大小深浅各不

相同的坑连成一排，坑的下面是一层厚厚的水。在这些坑中，有的只是挖了很浅的一点，有的略深一些，有的离水层已经很近了，再稍微坚持一下就可以挖出水。画的最下面，写着一行字："这下面没有水，再换个地方挖。"

显然，漫画的主题是讽刺有些人做事没有耐心，总是半途而废。学生时代遇到这个漫画作文时，可能很多朋友都会和我一样，为这个挖井人感到失望和可惜，嘲笑他的徒劳无功，很生气他为什么不再有耐心一些，只要再坚持一下，那样就可以成功地挖出水来了。

"少时未解画中意，而今却成画中人"。在小孩子眼里，以为瞄准目标、坚持下去是一件很容易的事情，轻易地嘲笑漫画中的挖井人，然而时过境迁，许多人在不知不觉中变成了那个挖井人的样子，心浮气躁，浅尝辄止，遇到困难和问题时不是坚持不懈、深挖不止，而是虎头蛇尾，动辄改变目标方向，最终就如同那个挖井人一样功亏一篑、一事无成。

在机关，年轻干部刚参加工作，除了一些工作岗位的正常轮换和调整以外，有三种情形容易引起其"换频道"的冲动。

⊙ 一是自我膨胀

年轻干部往往学历高、思维活、能力强，接受新知识、新事物非常快，能够很快适应机关工作。机关日常工作有很大部分都是平凡琐事，难度系数并不高，导致有的干部耐不住烦，认为自己大材小用，工作太简单了，应该承担更重要的工作，从而对现有工作产生厌倦情绪，希望换个岗位再努力。

A 君，大学毕业后进了某省会城市的一个业务部门工作，身边的同事学历大多偏低，甚至还有高中学历，加之刚入职接触的都是一些事务性工作，基本上没什么挑战性，因此在同事中间总有一种高高在上的感觉。于是找到领导提出更换岗位，换到了另外的部门，干了不多久还不满意，又申请调整岗位。结果在机关时间不长，换的岗位不少，但都是浮在面上，并没有把工作真正地掌握起来，久而久之在领导和同事中留下很不好的印象。

⊙ 二是逃避痛苦

趋乐避苦是人性本能。与第一种情形不同，有的干部在现有工作中做得不顺手，甚至感觉很痛苦，觉得换个工作能做得更好，想在新的工作中逃避当前的痛苦。而且，越是处于繁重困难任务中的人，越是有逃避当前工作的冲动。

B君，经常为自己的工作而焦虑。他告诉我，现在的岗位太糟糕了，整天忙一些没意义的事情。工作做好了，领导看不见，稍微有点差错，让领导记好几年。最关键的是，没什么成长性，感觉就是无意义的重复和浪费时间。为此，他感觉非常苦恼，多次申请调岗，既换过部门，也换过分管的业务，但始终没有多大的效果。实际上，对他来讲最需要改换的，并不是工作单位或者岗位，也不是工作的任务和内容，而是他自身的思想观念。

⊙ 三是关系紧张

有的人个性较强，争强好胜，在一个科室待不到几天，就上和领导吵架，中和同级吵架，下和下属过不去，弄得鸡飞狗跳，人际关系非常紧张。弄得他自己很不舒心，其他人见了他也是躲得远远的。有的甚至在一个单位频繁调整科室，从办公室到业务科室，平均一两年基本就要调一次岗，这就是本人出现了问题。

对很多人来说，频繁地变换工作并不是一件好的事情，机关换频道须谨慎。

⊙ 一方面，大家一般都不太喜欢经常变换工作的人

大家会觉得，这样的人很可能没有一个较好的规划，工作的稳定性不高，对单位会缺乏忠诚度，集体荣誉感也不会太强，用人的风险也大，即使培养起来也可能会留不住，还不如培养一些能够在单位稳定工作的人。

⊙ 另一方面，对个人来讲最大的损失是时间

我们每个人的时间是很宝贵的，可以说每段时间都有应该完成的任务，一旦错过机会，就意味着要占用以后更多的时间和更多的努力来弥补。频繁地变换频道，既使时间流逝，同时也消耗着你本来拥有的包括知识资本、经验资本等在内的各种资源，使你的竞争力逐渐降低。

在某部门负责公务员招考工作的一位同志曾说："如果我看到一位干部的简历中工作经历太多，而且每一份工作做的时间都不长的话，那我已经对这位干部能否录用打上一个问号了。一个人频繁地更换工作只有两种可能：一个便是他的适应能力很差，另一个就是他的工作水平太差。一个有着很强的适应性和工作水平很高的人，是不会轻易调岗的。"

实际上，一个人的职业生涯就像爬山一样，需要的是一步一步脚踏实地地往上爬，不可能一步迈到山顶。那些心浮气躁、乱换频道的轻率做法，不仅不利于所在单位的整体工作，也不利于个人的良好发展，可以说是一种非常不负责任的表现。

如何稳住心气、抑制乱换频道的冲动呢？可以从以下三个方面着手：

⊙ 一是树立远大的目标与理想

作为刚刚踏进机关大门的年轻干部，不管你的天赋有多高，不管你有多么高涨的工作热情，至少也需要一至两年的时间，才能真正把握住机关工作的精髓所在。有的年轻干部试图通过几个月的努力就做出令人惊艳的成绩，或者指望通过频繁换岗来开辟自己一片更广阔的天地，那是很不现实的，也是非常幼稚的。

"求木之长者，必固其根本；欲流之远者，必浚其泉源；思国之安者，必积其德义。"年轻干部要想有所成就，首先要树立远大的志向和目标，这样才能沉下去安心工作。

⊙ 二是坚持爱岗敬业，干一行爱一行

既然选择了机关工作这份职业，就要有敬业精神和负责态度。只有全身心地投入进去，才能在自己工作的领域深入下去，有所领悟，取得成绩，才能取得更好的发展。自己的工作，一定要全力以赴去完成，不仅做完，还要做好。

⊙ 三是切忌好高骛远，要打牢工作基础

刚踏入机关的年轻人，要有端正的态度，认认真真、踏踏实实地从基础做起。大家在课堂上学习的大都是一些理论知识，与机关的实际工作差别很大，需要虚心向有着丰富经验的同事请教学习，在工作实践中锻炼自己、充实自己。

当然，我们在这里说要坚持不懈，不要半途而废、乱换频道，并不是反对正常的岗位变动和工作调整。根据上级安排和工作需要，有时大家也要主动换岗调岗；或者经过一段时间的磨合，如果现工作确实不适合，必要的转换也是应该的，在一个岗位工作 30 多年，也会让自己难以突破思维定式，但一定要做好评估，少走弯路。

第三节　工作可以通融，态度必须端正

我们经常听到一个说法：态度决定一切。在任何一项工作中，态度是有决定性的因素。端正的态度可以带来成功，而不端正的态度则很容易招致失败。

让我们先来看看两种不同态度产生截然不同的结果的例子：

其一，中国航天“绝不放过任何一个问题”的零容忍态度。中国航天有两个原则：一是绝不带问题上天，二是绝不在地面把冗余消耗掉。2002年，在神舟三号发射基地，飞船组装后，技术人员检测出有一个插头不导通，但备份仍可使用。尽管一切都已准备就绪，试验队伍最后决定，重新研发并更换所有插头，推迟飞船发射。

一个小小的插头引发了一场“归零战”，这也集中体现了中国航天人追求高质量、高可靠，对航天安全高度负责的态度。正是因为有这种对质量和安全问题零容忍的态度，中国载人航天工程用不到30年的时间，完成了发达国家半个世纪的发展历程。

其二，美国哥伦比亚号航天飞机因本来可以避免的细节问题而坠毁。2003年2月，哥伦比亚号航天飞机成功起飞，顺利完成16天的任务返回地球，却在即将着陆前发生事故，在烈火中分崩离析，7名宇航员不幸遇难。这也成为美国太空探索历史上最严重的一起事故。

导致哥伦比亚号坠毁的原因是，发射时有一块泡沫材料脱落外部加热器，撞击了左翼下沿侧翼，导致整个飞行器解体。

上面两个例子说明，不同的态度会带来不同的结果。同样，对个人成长来说，不同的态度，也能成就不同的人生。下面这则广为人知的小故事也是很好的例子。

一个建筑工地上，有三个工人正在砌一堵墙。有人走过来问他们：“你们在干什么？”

第一个抬头苦笑说：“没看见吗？砌墙啊！我们正在搬运着这些重得要命的石块呢。真是累人啊，一块一块的什么时候搬完啊！”

第二个也抬头苦笑说：“我们正在盖一栋楼房呢，不过这份工作可真是不轻松啊！”

第三个人则满面笑容，开心地说：“我们正在建设一座新城市。我们现在盖的这座大楼，未来将成为城市的一栋标志性建筑！我们能够参与这样一个工程，真是令人激动！”

十年后，第一个人依然是工人，还在满肚子怨气地砌着墙；第二个人坐在办公室里面画着图纸，他成了一位工程师；第三个人，则成了他们两个人的老板。

虽然成功是受到多种因素影响的，但以什么样的态度面对工作是其中很重要的因素。

调查发现，在取得成功的诸要素中，态度高居第一，大概占到80%。积极的态度如主动、果断、毅力、奉献、乐观、信心、雄心、恒心、决心、爱心、责任心等，都与成功有着直接的关系。第二类要素属于后天练习所得的能力，如善于处理人际关系、口才好、有远见、创造力强、技术好、工作能力强等技巧，约占13%。第三类则属于客观要素，如运气、机遇、环境、长相、天赋等，这类因素仅占大概7%。

由此可见，端正的工作态度对一个人的成长，对一项事业的成功是多么重要。一个人的工作能力可能还有待提升，工作还不完美，只要有良好的态度，总是能够进步的。反之，一个人的业务能力即使暂时领先，如果没有认真、负责、勤奋、好学等端正的态度，早晚是会落伍的。

作为机关干部，我们应该怎样来端正工作态度呢？

⊙ 第一，爱学习

这是端正工作态度的基础。学然后知不足。有一个很好的比方，人的知识就像一个圆，圆内是已知，圆外是求知，你知道得越多，你的圆圈就会越大，圆的周长也会越长，你与未知接触的空间也越大。你知道的东西越多，不知道的东西也会越多。学得越多，越会对自己有正确的认识，越会形成端正的工作态度。

⊙ 第二，敢创新

这是端正工作态度的动力。有什么样的思想就会有什么样的态度，有什么样的态度决定什么样的行动。在工作中要学会换位思考或逆向思维，学会转换角度认识事物或者改变角度看待问题，以新观念、新思维、新视角审视自己的工作，以改革创新精神探索改进自己的工作，做到与时俱进、推陈出新。

⊙ 第三，平常心

这是端正工作态度的关键。看一个人的工作成就，通过看他对待工作的态度就可以一目了然。如果把工作看作一种职业，他就会视工作为“饭碗”；如果把工作看作一种事业，他就会在工作中达到忘我境界，全身心地投入工作中来。

⊙ 第四，忠诚心

这是端正工作态度的保证。政治坚定是公务员的必备素质，必须坚持正确的理想信念，始终加强理论修养，做到对党忠诚，对人民忠诚。有了崇高的理想追求和坚强的精神支柱，自然会形成认真负责的工作态度，更好地开展工作。

第四节 有点钝感力，拒绝“玻璃心”

何谓钝感力？

“钝感力”一词源于日本作家渡边淳一的《钝感力》一书，字面意思是“迟钝的力量”，指从容面对生活中的挫折和伤痛，坚定地朝着自己的方向前进。

按照渡边淳一的解释，钝感力不等于迟钝，它强调的是对困境的一种耐力，是坚毅刚强对抗外界的能力，也是一种积极向上的人生态度。

后来，“钝感力”这个词在职场上广泛流行，被很多人理解为一种对工作的困难、艰辛、苦痛和对他人的责骂、嫉妒、讽刺、中伤等不敏感、不在意、不往心里去的明智反应，面对挫折和失败不轻易被打倒和击垮的意志力，对小事情、小细节大肚能容的豁达力量。

何谓“玻璃心”？

“玻璃心”来源于英文“glass-heart”，最初出现在美国，指一个人情绪极其脆弱，容易受伤，就像是用玻璃做成的一样。

如今，这个词成了一个网络流行语，用来形容那些心理素质较差、心灵像玻璃一样易碎的人群。这样的人非常敏感和脆弱，难以承受批评、指责或嘲讽，容易受到伤害。

在日常生活中，这类人可能因为别人的言语或行为、一些微小的挫折或情感波动等原因，表现出过度的敏感、不适、悲伤、愤怒等情绪反应。

实际上，不管是“钝感力”，还是“玻璃心”，都是人们在现代社会快节奏的工作和生活中，面对外部压力和挑战时的一种选择。前者强调以理性、冷静的态度，坚强面对困境；后者则过于敏感脆弱，在困境中很容易乱了阵脚，失去必胜信念和奋斗勇气。

“人生不如意事，十之八九。”不要一遇到不如意就丧失信心。机关工作也是如此。每个人在工作中难免会遇到这样那样的困难和问题，如何正确对待、破解难题，才是我们最需要考虑的事情。

⊙ 一方面，“玻璃心”不可取

“玻璃心”的人常常因为一些小小的挫折而感到沮丧和失落，无法承受工作和生活中的困难与挑战。这种脆弱的心理状态会影响他们的生活质量和幸福感。

同时，由于他们常常对他人的评价过于敏感，一旦受到批评就受不了，因此可能会失去与他人建立信任关系的能力，导致他们在人际关系中处于劣势。

此外，“玻璃心”的人过于关注自己的感受和想法，可能会对自己的能力和价值产生怀疑和不安，影响他们的自我认同感和自信心。

曾经有一个同事，各方面都不错，就是有一些“玻璃心”。有一次，我安排她做了一项工作，一直没接到反馈，刚好遇见她的时候就询问了工作进展。她回答说：“我做完了啊！”我说：“怎么没及时反馈？”她又解释说：“我确实做好了。”我回了一声“好”就去忙别的事情了。本以为这件事就过去了，没想到第二天她心情低落地找到我，说为这事想了一夜，觉得我不信任她，问我她是不是哪里做错了？我费了很大劲才解释清楚，把她劝好。

“玻璃心”的人不仅对自己不利，对整个部门和同事也会产生不好的影响。他们自己情绪容易低落，也会影响到整个部门的情绪，影响到同事的工作热情。

⊙ 另一方面，钝感力要有度

“钝感力”教导人们，不要对批评、挫折那么敏感和在意。这样可以让人从困难、挫折所产生的负面情绪中解脱出来，不被负面情绪所压垮，从而以一种积极的身心状态投入接下来的工作。

“暮色苍茫看劲松，乱云飞渡仍从容。”一个人要在困难和挑战面前坚韧有力，成就一番事业，就要像那棵在“乱云飞渡”中仍保持从容姿态的“劲松”，不怕暮色苍茫，不畏风吹雨打，始终保持立场坚定，情绪稳定。要做到这一点，我们是需要有一点钝感力的。

然而，在真正的困境面前，钝感力并非灵丹妙药。有了钝感力的加持，人们可以迅速忘却不快，对繁杂之事却仍然无能为力；可以抹去失败的心理阴影，而失败的后果还要正视；可以坦然面对流言蜚语、嫉妒讽刺，但由此产生的伤害和影响还应该采取措施去消除。

面对这些问题，我们绝不能学习自以为是的鸵鸟，以为把头埋在沙子里，就可以避免直面问题和危险了。在这些时候，不仅不能以钝感力安慰自己，反而要保持高度的敏感、敏锐，及时发现情况，及时研究问题，及时采取应对措施。否则，问题带来的有害后果一定会持续、会累积，直至把你压垮。

在机关，年轻干部既不要迷信“钝感力”，也不能被“玻璃心”所困扰，而是要坚守初心，宠辱不惊，以严谨、认真、积极、负责的态度做好工作。

⊙　一是增强自信心

要有“天生我材必有用”的自信，不要一遇到批评和责怪就怀疑、否定自己。“金无足赤，人无完人。”虽然我们要不断地完善自己，但也没有哪一个人敢说自己就是十全十美的；虽然我们已经竭尽全力地工作，但也很少有工作真正做到了万无一失、人人满意。有缺点要正视，有不足就要弥补，习人之长补己之短，在应对困难和挑战中不断地提升和改进自己，这才是年轻干部应有的正确态度。

⊙　二是增强辨别力

面对批评和责难，要分清哪些是善意的，哪些是恶意的，哪些是正确的、应该采纳的，哪些是错误的、应该反驳的。如果不进行认真、切实的分析和辨别，一味不敏感、不在意、不放在心上，这是不可取的；一味压在心头，形成心理负担，感觉自己一无是处，更是失去了听取他人意见的初衷和意义。

⊙ 三是增强节奏感

在困境中如何保持心理的平衡稳定，钝感力和“玻璃心”虽然给出了不同的回答，但都很重视情绪的调节。在这方面，有一个建议是注意工作和生活的节奏感。文武之道，一张一弛；张弛有度，方可长久。遇到一时找不到合适的破解之道的困难和问题时，不妨放一放，换个事情做做，或者放松一下，不要一头闷在困境里出不来，摆脱一根筋的思维固化，从而打开新视野，找到新路径。

第五节 踏实做事，天道酬勤

有人说，身在职场，《厚黑学》几乎是一本必读书。

始创者李宗吾在遍读“二十四史”后顿悟：“古人成功的秘诀，不过是脸厚心黑罢了。”

有一些人把厚黑学当作“生存法则”，不择手段、玩弄权谋，急功近利、利欲熏心，甚至将其作为一门“成功学”。

也有一些人把厚黑学当成阴险卑鄙、尔虞我诈、心狠手辣的代名词，视为洪水猛兽，嗤之以鼻，称之为“封建糟粕”，避之唯恐不及。

其实，正反两方有可能都误解了李宗吾，误解了厚黑学。厚黑学自问世以来，有一定的受众，自有它存在的土壤和环境。固然，如上面所说，有一部分本性不好的人，把厚黑学给抹黑了。但从另一个角度说，厚黑学要解决的，是每个人的生存和发展问题，也是职场经常会遇到的棘手挠头问题。

李宗吾“厚黑学”最核心的观点是：做事要扎实，做人要圆滑。

但即便如此，我们还是主张刚上岸的机关新人，不要靠厚黑学行事为人：机关新人做事固然必须扎实，做人也不宜太过圆滑。

尽管工作是为了发展，晋升到更高职位，有了更大平台，可以做更大的事，但刚进机关的新人一定要有点“立志做大事，不立志做大官”的精神。

一方面，如果整天想着如何提拔，如何奉承领导，如何左右逢源，如何弯道超车，那就根本没法静下来学习、工作，更没法提升自己的能力水平，离为群众解难题、办实事、办好事就更遥远了。

另一方面，盲目追求权力和地位，会让人不择手段，争夺拼抢，想方设法把别人拉下来。这既会伤害他人，最终也危及自己的声誉，导致自己陷于孤立，背上沉重的包袱。

每个人都想进步，要以积极正当、光明正大的方式追求职位，通过才华、诚实和努力工作来赢得尊重和信任，以自己的能力水平，带动团队共同努力，作出卓越贡献，得到认可，而不能通过权谋和权力斗争来获得职位和地位。

作为入职三五年的新人，要秉持向上向善的信念，怀着对人性、对职场、对品德的纯真追求，谦虚谨慎，踏踏实实，一步一个脚印，提升自己的水平和能力，靠自己的本事吃饭，才能感觉踏实。

紧盯目标，追求进步，是有上进心的表现。但在如何进步方面，机关新人们不仅要关注目标本身，还要注重达成目标的方式方法和道德准则。职场是一场马拉松。要学会自我管理，扣好第一粒扣子，以时间换空间，这才能确保我们的成功更可持续，也更有意义。

本章小结

- **做最闪耀的自己**
  - **一技傍身，更要全面综合**
    - 一技之长傍身，是安身立命的基础，是掌握更多机会的前提
    - 如何全面发展？
      - 综合型干部：开口能讲、提笔能写、问策能对、遇事能办
      - 敢于改变：制定目标，尝试改变，制订计划，跳出舒适区。
      - 勇于创新：跟随形势，敢于质疑和挑战，另辟赛道，积蓄创新力量
  - **拒绝心浮气躁，做事有始有终**
    - 年轻干部为何心浮气躁？
      - 自我膨胀，认为自己大材小用，对工作厌倦
      - 逃避痛苦：工作不顺手，逃避当前工作
      - 关系紧张：不善处理人际关系，工作不舒心
    - 如何稳住心气，安心工作？
      - 树立远大志向和目标
      - 敬业负责，全身心投入，干一行爱一行
      - 脚踏实地，打牢基础，切忌好高骛远
    - 根据上级安排和工作需要，或者经过时间磨合，现工作确实不适合，必要转换也应该，要做好评估，少走弯路
  - **端正工作态度，成功事半功倍**
    - 爱学习是基础：通过学习，形成对自己的正确认识，端正工作态度
    - 敢创新是动力：换位思考或逆向思维，与时俱进、推陈出新
    - 平常心是关键：把工作看成事业，全身心投入
    - 忠诚心是保证：坚定理想信念，加强理论修养，对党和人民忠诚
  - **拒绝“玻璃心”，培养适度钝感力**
    - “玻璃心”不可取：既影响自己，也会对部门和同事产生不良影响
    - 钝感力要有度：对待批评、挫折不要过于在意和敏感，但要及时研究、正确应对问题
    - 如何做？
      - 增强自信，正视缺点，弥补不足，在应对困难和挑战中提升和改进
      - 学会辨别：分清善意和恶意、正确和错误，区别对待
      - 增强节奏：把握工作和生活的节奏感，不钻牛角尖，张弛有度

第十二章

成功的定义不唯一

第一节 没提拔就是人生不成功吗？

年轻干部过五关斩六将，成功进入机关工作，都希望有机会能够升迁，走上更高一级的领导岗位，在更高平台上施展才华、实现价值。

应该说，这是一种非常正常的愿望和要求。上学时，我们刻苦学习，就是为取得好成绩，考入理想大学；工作中，努力工作，追求进步，创造价值，也是人之常情。有追求，有目标，才有干劲，才有活力。但也要清醒地看到，机关本来就是一种金字塔式的组织结构，这就注定了绝大多数基层工作人员，即使忙忙碌碌一辈子，也没有机会走上金字塔的顶端，只能停留在中低层的岗位上。

老郝已经退休多年，他 30 岁出头时以正连级转业到地方，进入市级机关工作。那时的老郝，风华正茂，怀揣梦想，希望在地方上再创辉煌。到地方后继续发扬敬业刻苦、努力拼搏的部队作风，积极学习业务，很快进入角色，不久就成了业务骨干，之后却一直停留在科室负责人的岗位上，在多个科室担任过科长，前些年以一级主任科员的级别退休。

老张是 20 世纪 80 年代初从高中毕业后通过招干考试进入机关的，当年她和同年毕业的 6 名优秀高中毕业生一起到了某市的市级机关，从事市场监管工作。她从小就是一个追求上进的人，特别珍惜这份工作，跟领导、前辈认真学习，很快就在单位挑了大梁，在同一批进入单位的同龄人中第一个担任科长，可是之后一直在科级岗位上兜兜转转，当了近 30 年的科长，也没有赶上职级并行的机会，55 岁时从主任科员的职位上退出实职了。

类似的例子还有很多。多数机关干部爱岗敬业，踏实肯干，在每一个岗位上都兢兢业业、勤勤恳恳，虽然级别不高，但也尽了应尽的责任。那么，这些干部能说就是不成功的吗？

答案肯定不是的。在机关，能够提拔到领导岗位的，或者最终走上领导岗位的，只是很小的一部分；停留在基层一线，按部就班从事分内工作，才是机关的常态。

一般而言，一个干部能不能得到提拔，要受到个人能力、性格、机遇、运气等多种因素的制约，既有干部自身主观方面的原因，也有很多客观方面的原因。比如，前面提到的老郝、老张两位，他们都是单位的中坚力量，都很优秀，但单位层级不高，工作人员数量多、领导职数少，提拔的难度远远大于其他单位。

期待提拔是人之常情，但没提拔并不意味着人生不成功。年轻干部对此要保持一份坦然面对的平稳心态，不能急功近利，如果提拔无望时，也不能灰心丧气、自暴自弃。

在机关工作，究竟怎样算是成功，怎样算是失败？如果只以职务和级别高低来衡量，是很片面的。多数机关干部，从大学或者研究生毕业进入机关算起，到离开岗位退休，一般也就三十多年，职务、级别又分为很多层级，哪个年龄段达到哪个层级才算成功，是科级、处级还是厅局级、省部级？因此，很难有一个合适的标准。

那么，怎样评价一名机关干部成功与否呢？

有人说，与那些年轻时就早早提拔到高位，却“德不配位”，最终因为违规违纪受到处分的人相比，那些能够一步一个脚印砥砺前行，踏踏实实做好本职工作，在职业生涯里平稳工作的人，才是成功者。

有人说，与那些级别很高却疲于应酬，年纪不大就弄了一身病，长期处于亚健康状态的人相比，那些人到中年仍能身体健康，心态良好的人才算是真正的成功。

也有人说，与那些因为工作而基本上没有自己的时间，无暇顾及父母、爱人、子女的人相比，那些家庭和和睦睦，子女成才的人才是成功者。

我们身边确实有一些干部，早早提拔到领导岗位上，却忘记初心，迷失方向，经不起围猎，丧失了底线，一味地争名夺利，最终触犯党纪国法，虽然烜赫一时，却以声名狼藉收场，身陷囹圄。他们的工作人生之路，无疑是一次彻彻底底的失败之旅。

比如，被查处的某局长，曾经年轻有为，意气风发，不到40岁就成长为副省级城市某部门负责人，副厅级干部，在晋升速度上可以说远远超过了的同龄人。可是权力在手后，他丧失理想信念，背弃初心使命，对党不忠诚不老实，严重违反党纪国法。多行不义必自毙，最终在临近退休时被依法查处，被开除党籍、开除公职。

到底怎么样才算是成功的职业生涯？这个问题需要辩证地来分析和判断。

1841年，晚清名臣林则徐由于投降派的陷害，被革职降级，充军伊犁。他与家人告别时，写下了“苟利国家生死以，岂因祸福避趋之”的名句，表示只要对国家有利，即使牺牲生命也在所不惜，绝不会因为可能受到的祸害而躲开。这是封建时代一个有识官员的可贵气节，新时代的年轻干部站在历史的新起点上，应以新时代的视角来看待个人的职业生涯。

作为一名年轻干部，是国家的未来、组织的希望，应当有更高的立意，更远大的志向。应当始终坚守初心，扛起责任，无愧于时代，无愧于人民。

年轻干部的追求，应该立志做大事，而不是立志做大官。

衡量年轻干部成功与否的尺度标准，最重要的不是职务、名声等那些外在的东西，而是能不能在工作岗位上更好地施展才华，为国家、为人民作出贡献。

失之东隅，得之桑榆。得与失，总是相伴相生，不断得到也不断失去。我们不能总是为打翻的牛奶哭泣，得不到，也不用太纠结，只要自己努力了、用心了，就足可以笑对人生，在其他方面再开辟新的赛道，但行好事，莫问前程。

有所不为，才能有所为。正如《钢铁是怎样炼成的》一书所说：“生命对每个人只有一次，人的一生应当这样度过：当他回首往事的时候，他不会因为虚度而悔恨，也不会因为碌碌无为而羞愧；临终之际，他能够说：‘我的整个生命和全部精力，都献给了世界上最壮丽的事业——为人类的解放而斗争。’”

第二节　时刻做到自我反思

自我反思是年轻干部成长的一条重要途径。通过经常的反思及时校正自己，可以不断深化对自身的认识，查找纠正缺点和不足，使自身更适应工作需要和发展要求。

自知者明，自胜者强。反思和自省是中华民族的优良传统，我国的文化典籍中有很多关于自我反思的名言警句，至今仍然有着非常重要的现实意义。

《论语·学而》记述，曾子曰：“吾日三省吾身，与人谋而不忠乎？与朋友交而不信乎？传不习乎？”曾子是孔子的得意门生，以孝闻名。他的这句话意思是说，我每天进行多次反省，为人办事有没有尽心竭力？和朋友交往有没有诚信？老师传授的知识有没有实践过？

“静坐常思己过，闲谈莫论人非”，这句谚语，教给我们一种修身养性的方法，也是我们日常生活中应该遵循的准则。当我们静坐独处时，应该经常反思自己的过错，在与他人闲谈交流时，不要谈论别人的过失。

历史上，通过不断地反思自身而为人称道的莫过于曾国藩了。曾国藩一生得力处都在一个“悔”字上。他每天都写日记，还拿出来与身边的人讨论，接受大家的监督、批评和建议。遍览他的日记，经常有后悔“脾气暴躁”“疲于应酬”等问题的记述。通过不断的自我反思，曾国藩改掉了身上的种种缺点和毛病，最终成就了一番大事业，堪称近代最具影响力的人物之一，被后人誉为“千古完人”。

现实中，却有一些人“只知责人，不知责己”，一发生问题总说是别人的过错，往往把原因推到他人身上，而忽视自己的缺点和不足。这是不利于年轻干部成长进步的。

⊙ 其一，能够经常地进行自我反思，才能在平凡的工作中始终保持初心、不忘本心

年轻干部初入工作岗位时，满怀激情和理想，带着一种初生牛犊不怕虎的冲劲和干劲，想通过在轰轰烈烈的工作中，实现自己的人生价值。但因阅历不足，经验匮乏，学用脱节、好高骛远、不善处理人际关系等各种各样的原因，工作中很容易出现这样那样的问题，遭受挫折，挨批评后容易一蹶不振尤其是容易受社会不良思想的侵蚀，“为什么要出发”的本心、初心产生动摇。

这时候，如果能够“自省吾身，常思己过”，及时地反省自己，勇于纠错，就能够吃一堑长一智，在工作实践总结经验，找回初心，在工作岗位上沉得下心，沉得住气。

⊙ 其二，能够经常地进行自我反思，才能在成长的道路上不断完善自我、提升自我

好的典型催人奋进，给人鼓励；坏的案例让人警醒，避开大坑。“见贤思齐焉，见不贤而内自省也。”在自我反思过程中：一方面，可以查找自己的过错和不足，客观地分析哪里对了、哪里错了、哪里做得好、哪里还可以进一步改进和完善；另一方面，也可以从他人的身上吸取经验和教训，

知道别人的优势和长处在哪里，自己还有哪些缺点和不足，取人之长，补己之短，对个人的成长和发展道路及时进行调整设计，实现更好的发展。

年轻干部在工作中要经常审视自己，善于向他人学习、向书本学习、向历史学习，可以不断汲取前进的力量，不断改进自我、校准方向。

⊙ 其三，能够经常地进行自我反思，才能在持续的奋战中做到敢于担当、有所作为

年轻干部想干事、能干事、干成事，强烈的反思意识是重要的保障。时时自我反省，事事自我警醒，才能干出不一样的自己。有的机关新人一方面自我感觉良好，看不到自己的缺点；另一方面在应该展现自己的时候，又畏缩不前。

要成就一番事业，靠的不是一日之功，靠的不是一时运气，而是要有持续作战的准备，要有一股子百折不挠的韧劲。要做到这一点，就要不断地反思和调整自己，只有不断纠偏，才能让人生和事业的航船始终行驶在正确的航道上，始终保持一种昂扬向上的奋进姿态。

自我反思的过程，其实是年轻干部不断学习和成长的过程。有了自我反思的自觉意识，大家才能正视自己的缺点和不足，总结过去的经验教训，才能以谦虚和开放的心态接受他人的意见和建议。在此基础上，才能设定明确的目标和计划，并不断地加以调整和完善，以更好地指导自己的行为和决策，实现自己的梦想和目标。

还应该看到，自我反思不等于自我否定，不能不分青红皂白、不作深入分析地就全盘否定自己。反思是客观冷静地查找问题，然后朝着正确的方向去改善，体现的是一种积极向上的心态，而自我否定更多的是一种消极情绪，往往给人带来绝望、失落的负面感受。

年轻干部时刻做到自我反思和设计，首先要对自己有信心，有坚定的信念，有志向和追求，然后查找自己的缺点不足，并及时改正，可以让自

己更加自信地奋勇前行。如果不敢于承认和正视自己的缺点不足，一遇到挫折就灰心丧气，甚至自暴自弃，选择“摆烂、躺平”，其实是内心怯懦的一种表现，对工作、对个人的成长发展都是毫无益处的。

第三节 保持定力，避免这山望着那山高

所谓定力，是指一个人能够保持内心的平静和稳定，不受外界干扰和诱惑，专注于自己的目标并付诸行动的能力。定力是机关工作者不可或缺的一项基本素质。

在工作和生活中，能够取得成功的人一定是有定力的人。保持定力，才能在风云变幻中拨云开雾、看清大势，才能在困难坎坷时坚定信心、站稳立场，最终实现自己的理想和目标。

钱锺书的《围城》关于婚姻有一段很经典的比喻：“婚姻是一座围城，城外的人想进去，城里的人想出来。”实际上，不仅仅是婚姻，“围城”可以指人生和社会普遍存在的难以逃避的困境。无论是进入一个行业，还是一个部门、单位，或者从事某项工作，难免会遇到这样那样的困难和问题，遇到种种干扰和诱惑，如果因一时的得失而变得心浮气躁，或者得陇望蜀，这山望着那山高，必然会迷失方向，偏离正确的道路。

有一位朋友，原来的单位在机构改革中被撤销，随着职能调整而合并到新的单位。在原单位时，朋友长期在核心部门工作，是单位重点培养的年轻干部，只是因为机构改革才耽搁下来。到了新的单位以后，朋友被安排在一个不受重视的边缘部门，但他并没有因此消沉下去，而是保持定力，全力以赴投入新的岗位。由于工作有声有色，不久就得到了提拔重用。

另一位朋友背景相似，却作出了不同的选择。这位朋友在原单位也担任着一个重要部门的负责人，到了新单位后他感觉工作压力可能会很大，发展的机会也比较渺茫，主动提出来愿意退出领导岗位，不再从事一线工作。这位朋友虽然在工作上比较清闲，肩上担子轻了，压力减了，但也就此失去了继续施展能力和才华的机会，也失去了竞争的砝码，职业生涯基本上画了句号。

不管是机关内还是机关外，不管是工作还是生活，定力对于一个人的成长进步来说都是非常关键的因素，一个人的定力可以说直接决定了他能走多远。

网络上流行有这样一句话："不要高估一年的努力，更不要低估十年的坚持。"在很多时候，我们之所以没有取得好的收获，只是因为我们的时间和努力都还不够。保持定力，在一个领域持续不断地学习和努力，终有一天会发现，原来自己也很优秀。

现在很多年轻人频繁跳槽，有的一两年换一个单位，有的甚至在一个单位待不了几个月就想另谋高就。根据一份调查，"70 后"的第一份工作平均超过四年才更换，"80 后"为三年半，"90 后"减少为 19 个月，而"95 后"平均在职仅仅 7 个月就选择辞职。很多人在跳槽前，总觉得下一家单位的待遇会更好，进去了才发现反而还不如上一家单位，于是忍不住要继续跳槽。

实际上，从个人成长的角度看，频繁跳槽是一种很短视的行为。领导会感觉你心神不定，不会培养重用你；而跳槽后你要重新进入角色，工作也要重新开始。如果在一个单位沉淀下来，耐得住压力，受得住辛苦，你会发现不论是自己的阅历，还是业务水平都会逐渐提高。

与机关外的年轻人比较，在机关内工作相对要稳定许多。

那进入稳定的机关内对定力的要求就不高了吗？不是的。年轻人特别是高学历的年轻人，在机关内工作虽然有相对稳定的优势，但与在央企、上市公司的打拼的同学相比，收入会明显不如他们。这时候，就容易产生羡慕心理，想跳槽跟他们一样赚大钱。这就非常考验一个人的定力。

即使同在机关内，处于不同的部门和岗位，承担不同的工作等带来的这样那样的差异，也都容易让人产生攀比和不平衡心理，如工作的轻重、责任的大小、事务的繁简等。如果定力不足，不能正确认识和处理这些问题，会对个人的心理状态、工作状态造成影响。

党的十八届七中全会强调，党的领导干部特别是高级干部等“关键少数”要不断“增强政治定力、纪律定力、道德定力、抵腐定力”。增强“四个定力”，对于初入机关工作的年轻同志同样具有重要的指导意义。

⊙ 第一，增强政治定力

就要牢固树立政治理想、正确把握政治方向、坚定站稳政治立场。只有保持政治定力，才能不为噪声所扰、不为歪风所惑、不为暗流所动、不为利益所俘，在纷繁复杂的形势变化中始终坚持正确方向。

⊙ 第二，增强纪律定力

就要把纪律挺在前面，在任何情况下，都不逾越纪律的底线和红线。机关干部很容易受到各方面的干扰和诱惑，必须坚持不逾矩、不越轨、不放纵，做到慎独慎微，始终心存敬畏、手握戒尺。

⊙ 第三，增强道德定力

就要把加强道德修养作为十分重要的人生必修课，不断加强政治品德建设，继承发扬党的优良传统和作风，带头践行社会主义核心价值观，弘扬中华民族传统美德，从而在思想、作风和工作上做先锋、当表率，以德立威、以德服人、以德化人。

⊙ 第四，增强抵腐定力

就要树立正确的权力观，着力消除特权思想，增强自我监督意识。要坚持从自身做起，常思贪欲之害，常怀廉洁之心，净化社交圈、生活圈、朋友圈，注重家庭、家教、家风涵养，洁身自好，志存高远，淡泊名利，不为虚名私利所缚，不为物欲浮华所惑。

第四节　不争虚名，不计一时得失

名利得失，是每个人都会经常面对的，考验一个人的格局、修养和定力。能不能树立正确的名利观，能不能正确对待名利得失，这也是年轻干部进入机关面临的第一道考验。

现实中，有的年轻干部名利观念比较强，尤其是进入机关后，迅速把注意力集中到了享受“特殊身份”和“金饭碗”的光环上，开始热衷于摆架子、耍派头。这些都是错误名利观念在行为、作风上的直接显现，明显背离了机关工作的基本要求。

古往今来，决定人生价值的，从来不是职位的高低，而是事业是否有成。在正确对待名利得失方面，很多先贤展现出超然的人生境界，给我们留下了可贵的教益和启发。

《左传》里有一段关于“三不朽”的著名对话。叔孙豹是春秋时期鲁国执掌政权的一位大臣，也是一位学识渊博、品德高尚的人。一次，他奉命出使晋国，与当时在晋国很有威望的大臣范宣子围绕何为“死而不朽”进行了讨论。在对话中，叔孙豹说：“太上有立德，其次有立功，其次有立言，虽久不废，此之谓‘不朽’。”“三不朽”就是做人做事的本真含义，对于多数平凡的人来说，即使是难以达到的高度，也应当“虽不能至，心向往之”。

北宋时期著名的文学家苏轼在一首词中写道：“蜗角虚名，蝇头微利，算来著甚干忙。”意思是说，那些微小的虚名薄利，有什么值得为此而忙碌个不停呢？蜗角虚名和蝇头微利虽然看似诱人，给你一时的快感但并不代表一个人的价值和成就，也不能带来真正的幸福和满足感。

“不驰于空想，不骛于虚声”，这是李大钊的名言，昭示了共产党人求真务实的精神、奋发有为的姿态。

百年来，一代代革命先驱恪守初心，用不慕虚荣、不务虚功、不图虚名的品格作风，顽强干事创业，努力造福百姓，浓墨重彩地刻画出共产党人脚踏实地、担当作为、服务人民的一幅幅雕像。如，焦裕禄带领兰考人民“敢教日月换新天”，孔繁森“把自己一颗火热的心献给了西藏高原”，黄文秀将青春和生命奉献在了脱贫攻坚一线……这些，都是值得记忆的代表和典型。他们的伟大精神和风范，值得后来者学习、继承和弘扬。

年轻干部初入机关工作，应该坚定信念，志存高远，脚踏实地，勇挑重担，以过硬本领展现作为，既不要急于求成，也不要在乎一时的得失，更不要轻易躺平、自暴自弃，这样才能在事业上行稳致远。如果一味追求眼前的虚名微利，斤斤计较一时的成败得失，遇事总是瞻前顾后、患得患失，很容易因为名利得失的算计而束缚住手脚，影响工作。

小赵、小钱和小孙是2000年同时考入单位的大学生。三人当中，小赵学的是中文专业，小钱和小孙学的都是经济管理专业。根据三人专业情况和单位各科室的工作需要，小赵分到了局综合办公室，小钱、小孙则分到了两个不同的业务科室。

小赵在综合办每天服务单位的领导，收发文件，通知会议，起草材料等，和领导们关系都不错，并且材料写得过硬，很受单位领导的欣赏，但非常忙，工作压力大，经常加班加点，晚上写材料加班到一两点也是常有的事。而小钱、小孙在业务科室，工作相对轻松，每天按时来、到点走，平常和单位领导的交集就少一些。

五年后单位人事调整，小赵被提拔为中层干部，而小钱、小孙两个却没进名单。对小赵率先得到提拔，小钱、小孙虽然接受，但心里其实很不服气，感觉自己能力也不差，工作也没少做，只是不像小赵那样处在单位重要的岗位上，不然也会升职了。

之后，小钱变压力为动力，全面地提升自己，工作上更加积极主动，经常向领导报送业务工作中的亮点、特色等，主动与领导沟通交流，得到领导和同事们的认可，三年后也进入了中层干部的行列。后来机构改革，单位合并到另外一个单位，小钱被调整到新单位的核心业务科室，在长期从事业务工作中锻炼出来的优势和长项得到了充分发挥，又过了几年后来居上，被提拔为新单位的副职领导。

小孙呢，由于心里对同一批来的小赵提拔很不舒服，自己感觉没有什么捷径可走，开始自暴自弃，渐渐躺平，工作上始终平平常常，虽然没有什么大的失误，也没什么显眼的地方，因而在职务上就与小赵、小钱拉开了差距。

小赵、小钱、小孙三人的例子，可以有力地说明一个道理："牢骚太盛防肠断，风物长宜放眼量。"我们等电梯时，常常有这样一种体验：电梯间如果有不止一部电梯，抢先进入一部电梯的那些人，未必会比等下一部电梯的更早到达自己的楼层。这在管理学上被概括为"AB 电梯原理"。这一原理告诉我们，进不了先到的 A 电梯，进后面的 B 电梯也是可以的。在工作中，大家未必要一窝蜂地挤破脑袋去争抢，先动身的不一定能先到，先到的也不一定能先得。

总之，机关工作中，很重要的一条就是放平心态，以平稳的心态面对工作和生活中的名誉晋升、起伏坎坷。得意时，要经得住浮华；失意时，要耐得住寂寞。无论对人、对事，无论面对晋升、评优还是人际关系等，能跳出小我，站在高处放眼长远，这样才不会迷失方向，才能够久久为功，达到目的。

第五节 让人生有质量才最重要

人生出彩是每一个人的希望，而出彩的人生一定是有质量的人生。

年轻人经过一轮轮竞争和考试，进入机关内工作，开启了人生的一个新阶段，希望在新的征程上作出新作为、取得新成绩。但时间久了，可能会慢慢地发现，在机关的光环之下，很多事情并不是想象中那样美好：工作比较稳定，但会缺少激情，每天把时间花费在一些平常、琐碎的事务中；尽管一般不会失业，但也要肩负责任，谨言慎行；发展的机会不多，需要一级一级地晋升。一些年轻人会产生焦虑和苦恼。

其实不管在机关内还是机关外，各有各的好处，也各有各的劣势。工作是为了让生活更舒适，对每一个人来说，让人生有质量才是最重要的。

让人生有质量，首先要保持一个良好的心态。心态决定人生质量，有什么样的心态，你就会有什么样的人生。一个好的心态，可以帮助我们更好地应对生活中的困难和挑战，减轻焦虑和抑郁情绪，增强身心健康并减少压力，提高幸福感和生活质量。

⊙ 第一，要有积极乐观的心态

过去人们常说，“只要思想不滑坡，办法总比困难多”，就是强调不要被困难所吓倒，而要积极出主意、想办法去战胜困难。在工作和生活中，真正能够一帆风顺的人可以说寥寥无几，大部分人的人生经历都是充满荆棘的。这是人生常态，挫折和失败只不过是人生的调味剂。无论遇到什么样的困难，都要始终保持对未来的希望和信心，坚定不移，迎难而上，不畏惧、不退缩、不放弃，奋力拼搏攻克难关。

⊙ 第二，要有自信坚强的心态

王阳明说："人须在事上磨，方立得住。"要相信"天生我材必有用""艰难困苦，玉汝于成"，具备自信心和坚忍力，不能动辄意志消沉、畏首畏尾，要有"沧海横流，方显英雄本色"的豪气和奋斗精神。特别是年轻干部，要把火热的实践作为最好的课堂，多当几次"热锅上的蚂蚁"，多接上几个"烫手山芋"，多经历几番"风吹浪打"，才能真正成长为疾风劲草、烈火真金，在工作中大有作为。

⊙ 第三，要有开放包容的心态

开放是一种姿态、一种思维，包容是一种气度、一种涵养。要胸怀宽广，善于从多个角度看待世界、看待他人，能够包容他人的不足，理解和尊重不同的观点和生活方式。度量狭小，则多烦恼，心胸开阔，则常欢乐。拥有开放包容的心态，懂得换位思考，察人之难，谅人之过，对他人少一些偏见，多一点理解，可以帮助你与人和谐友善相处，建立良好的人际关系和工作生活环境。

⊙ 第四，要有感恩珍惜的心态

我们常说，做人要常怀感恩之心，珍惜每一份付出。有一位哲人说，世界上最大的悲剧和不幸，就是一个人大言不惭地说："没人给过我任何东西。"这样的人不懂得感恩，不珍惜现在拥有的东西，不知道知足常乐的道理，这种消极心态处处带来负面情绪，影响别人，同时也对自己的身心造成很大危害。

⊙ 第五，要有向上进取的心态

人生只有拼出来的美丽，没有等出来的辉煌。“临渊羡鱼，不如退而结网。”奋斗的人生是最有价值的人生，一个人要成就一番事业，不能做一个旁观者，必须勇于向上追求，不断进取，不断学习和成长，一步一个脚印地朝着自己的目标努力。

让人生有质量，工作之余可以培养一点自己的兴趣爱好。在工作和生活中，每个人难免会遇到各种各样的压力，令人感到疲惫、焦虑、沮丧，而兴趣爱好则可以帮助我们缓解这些压力，为我们提供一种心理上的满足感，让我们很自然地忘记一些烦恼和困扰，得到放松和舒缓。

要选择适合自己的兴趣爱好。不同的人有不同的兴趣爱好，如有人喜欢跑步、游泳、打球等运动类的兴趣爱好，有人喜欢花艺、烘焙、绘画等创造类的兴趣爱好，还有人会喜欢读书、音乐、书法等比较有“文艺范儿”的兴趣爱好，各取其乐就好，没有必要盲目跟风。

要养成长期坚持的良好习惯。兴趣爱好需要长期坚持，只有这样才能达到习得一技之长、充实业余生活、加强心理健康的目的和效果。

可以与他人分享自己的兴趣爱好。通过共同兴趣爱好，拓展我们的社交圈，大家基于共同的兴趣爱好聚合在一起，建立共鸣，成为志同道合的朋友。这种社交关系与在其他的工作场合建立的社交圈子是截然不同的，不掺杂任何的利益关系，可以让人感到自然、放松。

让人生有质量，还要保持一个健康的身体状态。著名的革命家和教育家徐特立说：“一个人的身体，绝不是个人的，要把它看作是社会的宝贵财富。凡是有志为社会出力，为国家成大事的青年，一定要十分珍视自己的身体健康。”

身体健康是人生最重要的基石，也是建功立业的支撑和保障。要注意保持有规律的良好的作息习惯，均衡饮食，适当锻炼，进行必要的保健和休养。有了健康的身体，能够保持旺盛的精力和耐力，才能更好工作，才能实现梦想，才能让人生更有质量。

习近平总书记 2023 年 7 月在江苏考察时勉励年轻研发人员，要立志高远，脚踏实地，一步一步向前走，以十年磨一剑的韧劲，以“一辈子办成一件事”的执着，攻关高精尖技术，成就有价值的人生。

这些话蕴含着深刻的人生哲理，既是对科研人员的殷切期望，也是对青年干部的谆谆教诲，为我们以什么样的态度和方法实现人生价值指明了努力方向。

“办事”和“人生”是相辅相成、相伴相生的，如车之两轮、鸟之两翼，“一辈子办成一件事”，是对意志力、坚忍力、自制力的长期考验，必须稳得住心神、耐得住寂寞、坐得住板凳。

当代中国青年生逢其时，施展才干的舞台无比广阔，实现梦想的前景无比光明。要抓住时代赋予的机遇，一步一个脚印奋斗实干，心系“国之大者”，树立为祖国为人民永久奋斗、真诚奉献的坚定信念，将小我融入大我，把个人的理想追求融入党和人民事业之中，不为名利所累、不为世俗所扰、不为物欲所动，做到“乱云飞渡仍从容”。只有立大志、明大德、成大材、担大任，方能在成就自我的同时收获更有价值的人生。

本章小结

- 成功的定义不唯一
  - 提拔非成功唯一定义
    - 干部提拔，受个人能力、性格、机遇、运气等因素制约，既有主观原因，也有客观因素
    - 面对提拔，年轻干部要坦然面对，心态平稳，不急功近利，不自暴自弃
    - 成功评价不唯一，年轻干部要树立远大志向，坚守初心，做好工作，为国为民做贡献
  - 自省吾身，常思己过
    - 自我反思，勇于纠错，才能不忘初心，沉得下心，扎实肯干，不断创新
    - 自我反思，才能查找自身不足，吸取他人经验，改进自我，校准方向
    - 自我反思，才能保证航线正确，保持奋进姿态，敢于担当，有所作为
    - 自我反思≠自我否定，年轻干部要树立信心，坚定信念，正视不足，及时改正，奋勇向前
  - 保持定力，站稳立场
    - 正确认识：年轻干部要对收入高低、工作轻重、责任大小有全面认识，不让攀比和不平衡心理影响个人心理和工作状态
    - 增强政治定力：树立政治理想、把握政治方向、站稳政治立场
    - 增强纪律定力：把纪律挺在前，慎独慎微，不越纪律红线和底线
    - 增强道德定力：加强道德修养和品德建设，在思想、作风、工作上做先锋、当表率
    - 增强抵腐定力：树立正确权力观，加强自我监督，洁身自好，志存高远，淡泊名利
  - 活出高质量人生
    - 保持良好心态
      - 积极乐观：对未来充满希望和信心，坚定不移，迎难而上，努力拼搏
      - 自信坚强：意志坚定，努力奋斗，躬身实践，在风吹浪打中锤炼自我
      - 开放包容：胸怀宽广，换位思考，宽以待人，建立良好人际关系和工作生活环境
      - 感恩珍惜：常怀感恩之心，珍惜每一份付出，知足常乐
      - 向上进取：勇于追求，不断进取，不断学习成长
    - 培养兴趣爱好
      - 适合自己的就是最好的
      - 养成长期坚持好习惯
      - 与他人分享，扩展社交圈
    - 保持健康身体状态
    - 牢记总书记嘱托，立志高远，脚踏实地，抢抓机遇，奋斗实干，立大志、明大德、成大才、担大任，成就自我的同时收获更有价值的人生